親の声かけが変わるだけで子どもはグングン成長する!

P133

1 「結果」より「過程」を評
内発的動機づけを刺激する

P162

✕ 100点とれてよかったね!
ご褒美に何でも買ってあげる

◎ よく頑張ったね。
100点とるために
どんな工夫をしたの?

2 比べて褒めるはNG!
褒めるときは頑張った行

P189

✕ クラスで一番はすごいね!
お母さん、うれしいな

◎ 一生懸命努力している
よく頑張っているね。
私も何か頑張ろうかな

キリトリ

キリトリ

6 自ら宿題する子になる
「今日はどんな楽しいことがあった?」

7 新しいことに挑戦する
「今回、失敗から学んだことは何だろう?」

8 失敗を恐れず前に出る
「私もよく失敗したわ。手伝ってくれてありがとう」

9 自分で判断する癖がつく
「何時までに何をする?　決めたことを応援するよ」

10 指示しなくても責任感をもって対応する
「ゲームの時間は過ぎているよ。明日は朝早いけど、ど

11 自己効力感が高まる
「お父さんは○○がしたいから一緒にやろう!」

「お母さんは○○したいんだけれど、一緒にやる?」

12 自分のペースで成長する
「あなたにはあなたの良さがあるから大丈夫」

13 きょうだいの格差をなくす
「私はあなたの○○なところが大好きだよ」

14 かんたんに自信をもつことができる
「1年前はできなかったのに、今はできるようになって

15 自己肯定感を高める
「あなたらしくていいね。素晴らしいと思う」

16 振り返る習慣が身につく
「（ノートを見て）振り返ってみてどう?　いい変化は

17 挑戦心がアップする
「ここで見守っているから、
何かわからないことがあったら言ってね」

18 積極性を引き出す
「失敗は成長のチャンス!　まずやってごらん。
失敗したっていいんだから」

子ども教育のプロが教える

自分で考えて学ぶ子に育つ 声かけの正解

ベネッセ教育総合研究所
庄子寛之

ダイヤモンド社

はじめに

指導実績×心理学×データでわかった自分で考えて学ぶ子になるために親ができること

「やってみなきゃわからないから、まずやってみよう！」

「うまくいかなかったけれど、もう一回挑戦してみよう！」

「なんでこうなるんだろう？　もっと知りたい！　調べてみよう」

このような心持ちの子が**「自分で考えて学ぶ子」**になります。


ただ、理想と現実の壁にぶつかり、かつては、子育てに悩む親でした。私は二児の父ですが、かれこれ10年前、小学生に入った我が子ができないことがあると、「自分が子どもの頃できたことを押し付けてしまう」「できないと叱ってしまう」「誰かと比較して注意してしまう」など、まさに、ダメ親でした。

私が変わり、教育方針も変わり、教育スペシャリストとして多方面で活動するようになったきっかけは、３つあります。

最初は、**教師をしながら学んだ大学院での「心理学」です**。ここで私は、我が子が思うようにいかない原因は、「自分」にあることに気づきました。それからは、「声かけ」や「接し方」を徹底的に学びました。

次に、小学校の担任や、大学でラクロスの監督をしている中で、「あの子はしっかりしているな」「自分で考えて判断しているな」と思う、**自分で考えて学ぶ子の親御さんには共通点がある**ことに気づきます。**「必要以上にあえて教えない」「周りと比べすぎない」**です。我が子にも実践していく中で、子どもとの関係がどんどん変わっていきました。

そして、何よりも大きいのが、**ベネッセ教育総合研究所のデータ**です。研究所では

2015年から小学1年生から高校3年生の子どもとその保護者に対して、毎年継続して調査を実施しています。これにより、12学年にわたる子どもの生活や学び、保護者の子育ての実態などの「現在」の様子がわかりました。

また、経年比較により、子どもと保護者の「時代変化」を見ることもできます。

現在、私は小学校の教員としての生活を20年近く続けたのち、ベネッセ教育総合研究所に入り、全国の先生や親御さんに、最新データを使って研修や講演をしています。今まで担任としての親御さんとの面談や、研修・講演を通して、約1万5000人にアドバイスしてきました。

本書は、保護者や先生などから聞いた「誰でも一度は感じたことがある子育ての悩み」を「声かけ」という手法で解決する本です。自分で考えて学ぶ子に育てるために、

①大学院で学んだ心理学

②今までお会いした保護者から学んだこと

③ベネッセ教育総合研究所のデータ

からわかった**「声かけの正解」**をお伝えします。

生まれつきの遺伝などは関係なく、親の「声かけ」で、誰もが自分で考えて学ぶ子に育つ。「声かけ」を変えれば、どの家庭もうまくいきます。

そして、この「声かけ」は、難しくありません。今まで知らなかっただけで、誰でもできます。

うまくできないのは知識がないからです。今うまくいっていない方でも、いつも声を荒らげてしまう方でも、**本書の「声かけ」を真似して習慣化すれば、「自分で考えて学ぶ子」に育ちます**。

赤ちゃんのときは、自分で考えて学ぶ子そのもの。どこで変わっていくのか？

本来、子どもは何でもやりたいし、知りたいし、成長したい生き物です。それなのに、社会が、親が、先生が、子どもの興味関心を奪っていくのです。

赤ちゃんを想像してください。赤ちゃんは何も教わっていないのに、呼吸をし、動き出します。何度も何度も転んで、その経験を通して立てるようになっていきます。興味があるものは口に入れ、どういうものか興味をもちます。

親の言葉を聞いて、言語を習得していきます。何も教えていないのに、です。

興味関心は、教えて育てるものではないことがわかります。

むしろ、**今まで教えてきたことを手放すこと。子どもが本当にやりたいと思っていることを少しサポートするだけでいい**のです。

子どもをよく見て、本当に必要な場面で、適した「声かけ」をする。適した「声かけ」がわかれば、親であるあなたのマインドが変わってきます。なぜなら、その声かけを一番聞いているのは、子どもではなく、あなた自身だからです。

そして、あなたの心が変われば、あなた自身が笑顔でいる時間が増えます。その結果、子どもも笑顔でいる時間が増えていきます。

小学校1年生は勉強が好き。6年生はみんな勉強が嫌い

小学校1年生のときは、みんなが
「小学校楽しみ。勉強好き。早くやりたい」

と言います。しかし、小学校6年生のときは、みんなが
「勉強したくない。嫌い」

と言うのです。これが、どの地域でも起きています。

小学校に通う時期に、学習意欲が下がってしまう、この現実をなんとしても変えたい。変えられるのは「声かけ」でした。

一つひとつの声かけは小さなものですが、**「声かけ」を学んだ親が毎日よい声かけをすることで、子どもが年齢を重ねても、好奇心をもって学習に取り組む**ようになります。

そんな子が多い授業では質問が絶えません。それは日常生活でも同じです。疑問質

問をもって、解決へ向かう思考は、社会で生きていくための大きな武器になるのです。

「自分で考えて学ぶ子」に育つための5つの声かけ

「どんな声かけをすればいいかわからない」「今の声かけが正しいのだろうか」「結局やらないから指示・命令になってしまう」と悩んでいる親が多いのではないでしょうか。

そこで、本書では、5つの章に分けて紹介します。「誰でも一度は感じたことがある子育ての悩み」に答えながら、よい声かけ、悪い声かけを○×で表しています。×の声かけは、つい言ってしまいがちのものから、一見、よい声かけに思えるものまであります。○の声かけを意識するだけで、自分で考えて学ぶ子に育っていきます。

「声かけ」のなかで「あなた」と表現しているところは、お子様の名前に置き換えて、声に出して言ってみてください。副次効果で、親子の関係性がよくなっていくので、ぜひ試していただきたいです。

第1章は、「教え方」です。教えたいと思ったときに、一歩待って、自分の中の思い込みはないか、自分が親に教えてもらった通りに教えていないか、立ち止まれるようにしています。

第2章は、「比べ方」です。周りの子と比べたり、きょうだい同士を比べたりしない声かけをお伝えします。また、比べるべき場面はどこなのか、どのように比べたらいいのかがわかります。

第3章は、「見守り方」です。どこまで見守る必要があって、どこは必要ないのか。親として何を大切にして、どのような距離感を保てばいいのか。どんな言葉を口癖にすればいいのかが身につきます。

第4章は、「機会の見つけ方」です。時代は大きく変化しています。親が子どものときとは機会の見つけ方が変わっています。どうやって機会を見つければいいのか、その際にどのような声かけをすればいいのかが身につきます。

第5章は、「仲間のつくり方」です。昔は学校か地域しかなかった仲間が見つかる場所が、現代ではたくさんあります。どのような仲間をつくればいいのか。その仲間をつくるためには、親としてどんなサポート、声かけができるのかがわかります。

一般的な子育て本だと、「学力をつける」「思考力があがる」「想像力をつける」「記憶力があがる」「判断力が増す」「コミュニケーション力があがる」などが挙げられますが、それよりも、この5つの柱が最も優先すべき軸となります。


本書は、どのページからでも読めるように構成しています。パラッとめくって読んだ箇所の声かけを1日意識してみる。それだけでも、だいぶ変わります。

「声かけ」はセンスではありません。意識すれば、誰もができることです。言葉にして発することで、あっという間に現状が変わっていきます。そんな親子をたくさん見てきました。


自分の言葉を一番聞いているのは自分です。その言葉がよりよいものになることで、子どもだけでなく、自身も変わっていくことができます。そして、よい声かけを習慣化することで、幸せな親子関係になれます。

本書の「声かけ」を実践して、楽しい親子関係を築いていくきっかけにしましょう。

子ども教育のプロが教える 自分で考えて学ぶ子に育つ声かけの正解 ● 目次

第2章

自分で考えて学ぶ子に育つ「比べ方」

第3章

自分で考えて学ぶ子に育つ「見守り方」

第4章

自分で考えて学ぶ子に育つ「機会の見つけ方」

第5章

自分で考えて学ぶ子に育つ「仲間のつくり方」

＊ベネッセ教育総合研究所は、同じ子を経年比較しながら調査しています。出典を特に明記していないデータは、「子どもの生活と学びに関する親子調査」小4から小6の回答から「とてもあてはまる」「まああてはまる」の合計を主に使っています。

第1章

自分で考えて学ぶ子に育つ「教え方」

「宿題をやりなさい」と言わなくても、自らする子の親の共通点を教えてください

思うことがあっても言わずに、子どもの行動をよく見る

自分から進んで宿題に取り組む子がいます。親御さんに聞くと、「特に何もしていないです」と言っていました。教師は教えるのが仕事です。「何もしていない」という回答に、とても興味が湧いたのを覚えています。

宿題を自分から進んでできる子には、2つのパターンがあります。

①学校から帰ってきたら、すぐに宿題をする

②朝の時間を活用して、宿題をする

すでに**規則正しい行動パターンがあって、宿題を習慣化できている**のです。毎日のルーティンをしっかりと守る。大人でも難しいことを子どもができるのには、理由があります。

とにかく子どもをよく見る

私はこれまで多くの保護者の方々と話してきました。その中で、自ら進んで学ぶ子の親の行動に共通点があることがわかったのです。

「口出しせず、よく見る」

大事なことは、**子どもが「どのように時間を使っているのか」をよく見ること**です。「宿題をやったの？」とは、言いません。言ってしまうと、子どもは「お父さんお母さんは、宿題をやっていない」と思ってしまうからです。

やるべきことはたった一つ。**子どもが何をしているのかを興味をもって見る**ことです。宿題をやっていないだろうと思ったときは、

「宿題をやったの？」

ではなく、

「今日はどんな楽しいことがあった？」

と聞きます。

「サッカーの授業は楽しかったよ。でも、算数の授業が難しかったんだ〜」と話し始めたとします。そのときは、

「そうだったんだね。算数の宿題を一緒に手伝おうか？」

と声をかけます。

「いいよ。自分で頑張る！」と言えば、そっと見守りましょう。

「手伝ってほしい〜」と言ってきたら、全力でサポートします。あなたがどんなに忙しくても、です。

「そんなこともできないの？」「ちゃんと学校で勉強しているの？」とは、思っても

言いません。ぐっと我慢しながら、子どものできているところを見ます。

今はできていないかもしれない。でも、その学年でできていなくても、心配する必要はありません。いつかはできるのです。**子どものいいところだけを見ながら、近寄ってきたときにサポートする**、それだけです。

無理に近寄ると、いいことはありません。NGワードに気をつけながら話しかけることで、たとえ表情に出さなくても、子どもは「親が自分を見てくれている」と感じ、安心感を覚えます。

過保護ゆえの過干渉が一番よくない

ベネッセ教育総合研究所の調査では、**親に「『勉強しなさい』と言われる」子は72・4％。約4人に3人です。他にも、「学校の宿題を手伝ってくれる」が69・4％。「勉強の内容を教えてくれる」が79・7％でした。**

きょうだいの人数が多かった頃は、親が子どもの勉強を見ることは難しかったはず

図1 保護者のかかわりは増加傾向にある

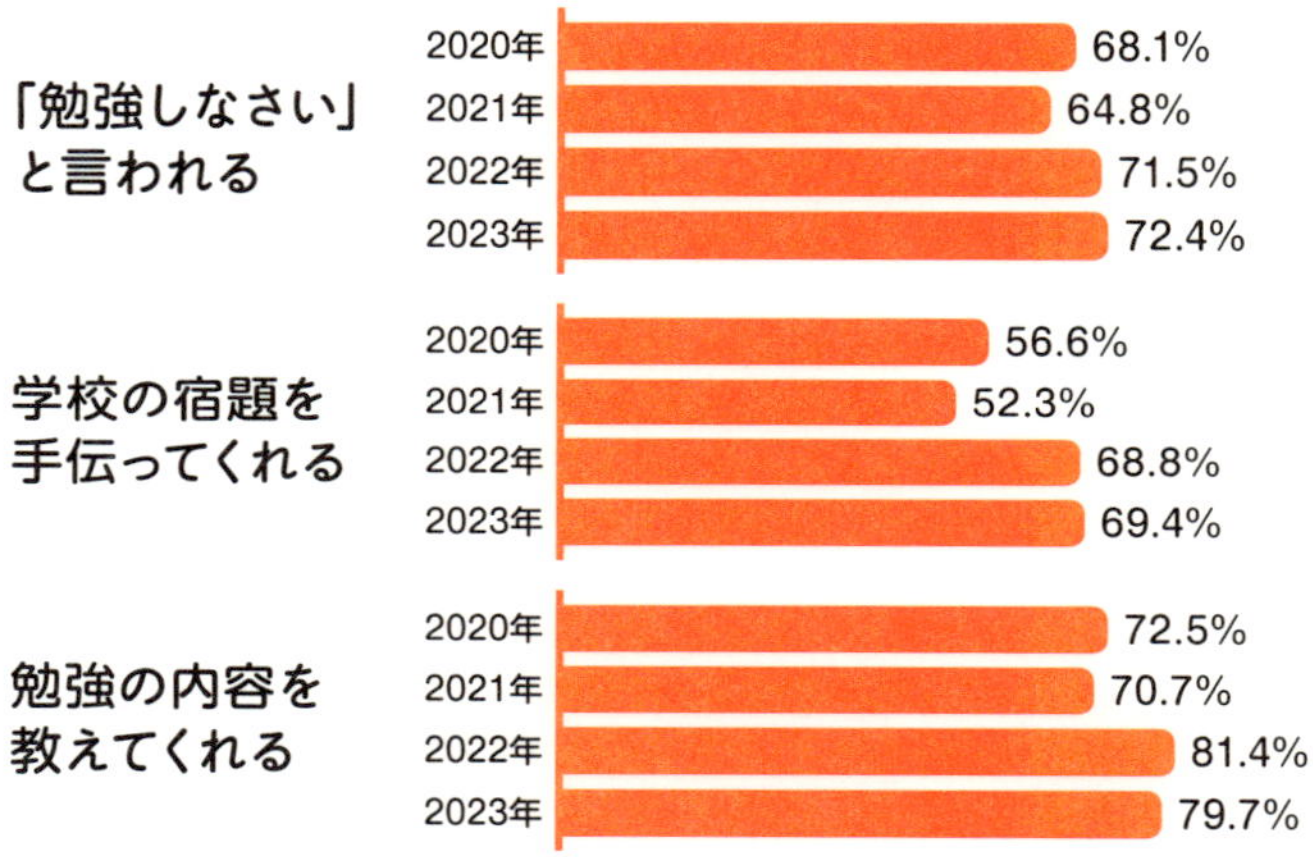

「勉強しなさい」と言われる
2020年 68.1%
2021年 64.8%
2022年 71.5%
2023年 72.4%
学校の宿題を手伝ってくれる
2020年 56.6%
2021年 52.3%
2022年 68.8%
2023年 69.4%
勉強の内容を教えてくれる
2020年 72.5%
2021年 70.7%
2022年 81.4%
2023年 79.7%

＊対象は小学4年生〜6年生

です。少子化の影響もありますが、年々親が子に手をかけている家庭が増えています。過保護ゆえの過干渉となり、いつも子どものことばかり考えてしまうのです。「子育て中は、我が子のために我慢」、そんなことが積み重なってはいないでしょうか。

子どもには、生まれつきの好奇心があります。その好奇心を知らず知らずのうちに奪っているのは、世の中の環境であり、家庭です。

まずすべきは、何かをさせることではありません。「口出しせずよく見ること」です。

親が静かに見守り、適切なタイミングで

声をかけることで、子どもは、言われなくても自分で行動できる子に育っていくのです。

待つことが大事

声をかけても答えてくれないときは、待ちます。

子どもが話しかけてきたら、聞きます。

それだけで、子どもは「自分のことを大切にしてくれている」と感じるのです。

親の役割は、子どもが自分の力で成長していく手助けをすることです。あれやこれやれと言われて育った子は、指示待ちの大人になってしまいます。

言葉だけでは、子どもは動かない。でも、心の底から我が子を思って発した言葉は、必ず伝わります。正しい声かけをするのはもちろん、まずは口出しせずよく見ることを心がけてください。

ポイント

思ったことをすぐ口にしない

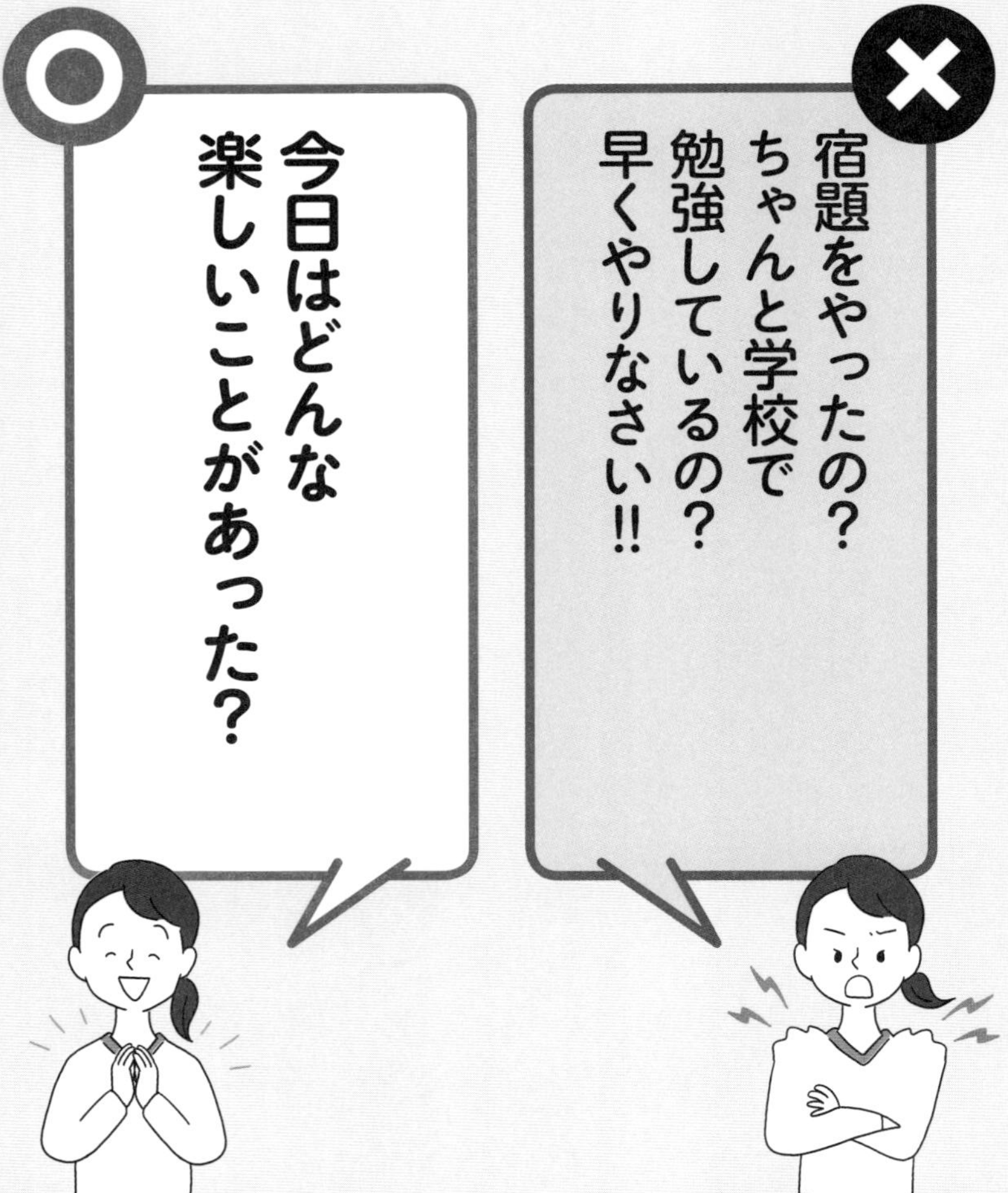
×
宿題をやったの？
ちゃんと学校で
勉強しているの？
早くやりなさい!!
〇
今日はどんな
楽しいことがあった？

うちの子は新しいことに挑戦することを避けてしまいます。どうすればよいですか?

小さな挑戦を繰り返し、失敗をいい経験に変える

「難しいことや新しいことにいつも挑戦したい」と答える子は年々、減っています。挑戦することが怖いと思っている子が増えている。これは大きな問題です。

人間は、生まれながらに挑戦する生き物のはずです。赤ちゃんのときは挑戦し続けていた本能は、いつ、どのようにして失ってしまったのでしょうか。

挑戦しない子は、失敗しません。迷惑をかけない「いい子」に育つかもしれませんが、ずっといい子を演じてしまいます。大学4年生になって、「先生。私今まで怒られたこともないし、何をしていいのかわからないんです」と教室まで言いに来る教え子が、今までたくさんいました。挑戦を避けていれば、失敗することはない。でも、

失敗の経験からはたくさんのことを学べます。ただ、悪い失敗ではなく、いい失敗を学んでおく必要があります。

いい失敗にするには、2つのことが大事です。

①失敗をいい経験にする

②親が小さな挑戦をして失敗を見せる

これからの時代、誰でもできることができることには、あまり意味がありません。誰も思いつかないようなアイデアを生み出す豊かな発想ができることが必要です。

世の中にあふれた正解を再現できる人も大切ですが、それ以上に新しい正解をつくる人が求められます。**挑戦を恐れず、小さな失敗を積み重ね、すぐ改善できることが大切**です。今の小学生を見ていると、挑戦することを避け、失敗や恥をかくことを恐れる子が増えました。文部科学省「児童生徒の問題行動・不登校等生徒指導上の諸課題に関する調査」（2023）によると、不登校者数は約60万人です。教員時代をさ

図2 不登校者数（長期欠席者数）の推移

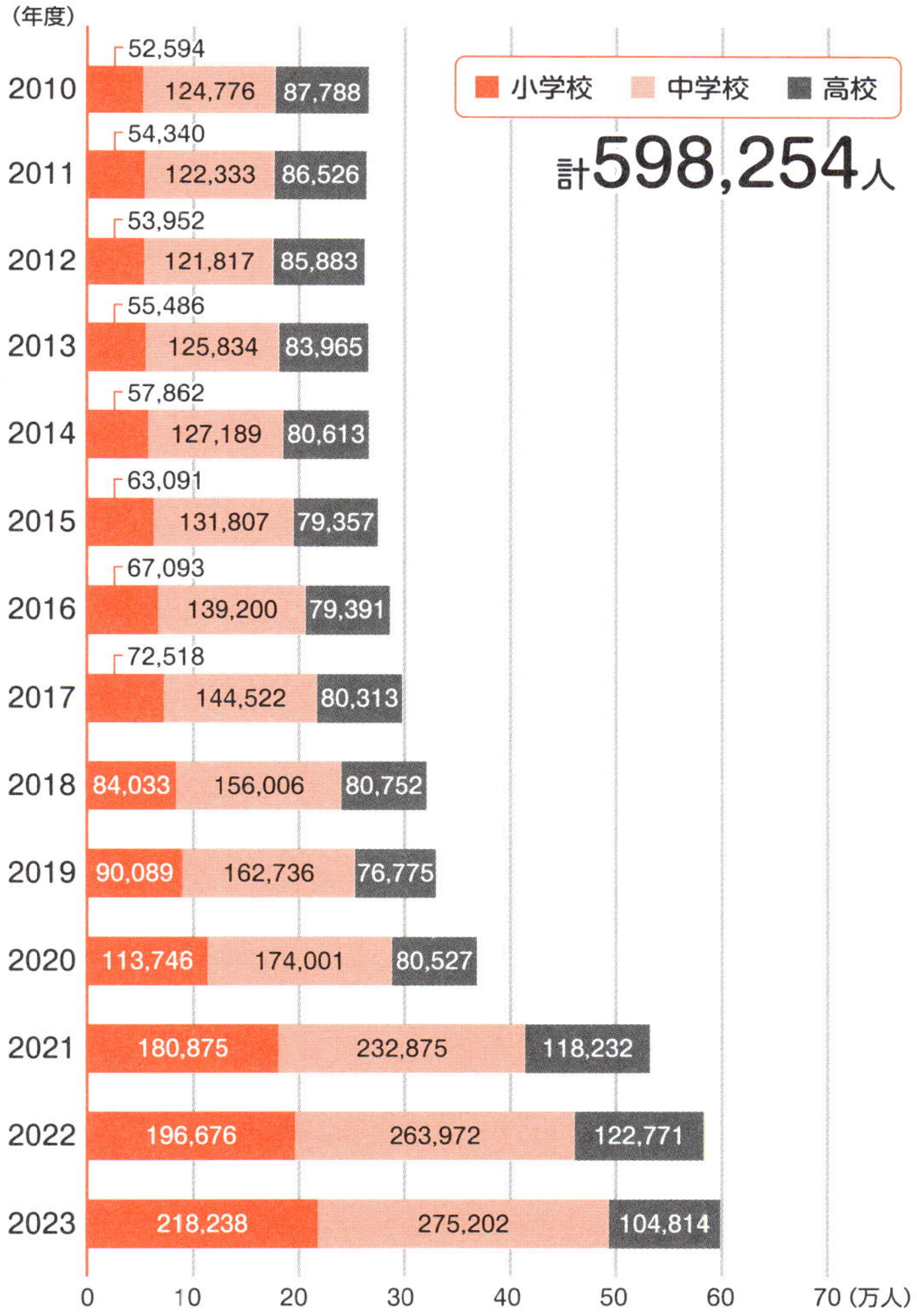

＊文部科学省「児童生徒の問題行動・不登校等生徒指導上の諸課題に関する調査」を基に独自に集計

かのぼっても、挑戦するエネルギーを失っている子たちが増えていて、学校に行くことを拒む子は増加傾向にあります。

失敗を正しく学ぶ

赤ちゃんは、何回も何回も転びます。転ばなかった赤ちゃんはいません。「転ぶ」という「失敗」をたくさんして、立ち上がろうと「挑戦」します。

失敗を繰り返すことは必要不可欠です。人間は本能的にそうやって成長するのです。では、いつから、失敗を恐れるようになるのでしょうか。

それは、人と自分を比べるようになった頃です。まさに、小学生の頃と言われています。**人と比較する年頃になっても、「自分は自分。友達は友達」と自分を受け入れられるマインドが大切です**。そのマインドは、**親の日々の声かけでつくることができる**のです。

挑戦したことをたたえ、その後のフィードバックを適切に行ないましょう。失敗し

たとき、

「反省しよう。また同じ失敗をしないためにどうする？」

「だから言ったでしょ。次からは気をつけるんだよ」

「お父さんお母さんは悲しい」

などではなく、冷静に対応し、

「今回、失敗から学んだことは何だろう？」

と問いかけるのです。


子どもが授業参観で手を挙げたけれど、答えたら間違えてしまって落ち込んでいるとき、あなたならどう声かけをしますか。

- お父さんお母さんの前で、いいところを見せたいと思って一生懸命手を挙げた
- 自信をもって答えたら間違えて、何人かの友達に笑われた
- 「もう一生発言しない」と言っている。帰ってきても泣いている

このような場合でも、まずは子どもの気持ちに寄り添い、何を感じているのかをじっくり聞きます。「悲しかったね」とまず受け止めます。抱きしめてあげるなどして、スキンシップをとるのも有効です。

「大好きだよ」

「あなたは今のままで素晴らしいよ」

と無条件の愛情を注ぎます。このとき、言葉にしなくてもメッセージは伝わるのです。

子どもが話し始めたら、とにかく最後まで聞きます。子どもの気持ちを否定せず、とにかく共感します。

「そうか、それは大変だったね」

と言ってあげるだけで、子どもは自分の気持ちを理解してもらえたと思うのです。間違っても、親として解決しようとはしません。

「Yes,but 法」という考え方があります。相手の意見をいったん受け入れた後、その意見とは別の視点や代替案（but）などを言うものです。

「失敗はいいけれど、ここがダメだったね」

と言われると、子どもは「ここがダメだった」としか受け取れないので、**butで終わってはいけない**のです。

ですから**「Yes,and 法」**で伝えるのです。「Yes,and 法」とは、いったん受け入れるまでは一緒ですが、それをさらに発展した形（and）で相手を説得する考えです。

「手を挙げたのは素晴らしい挑戦だよ。うれしかったな」

と背中を押します。その後、

「これからどうする？」

「これからも今日みたいに手を挙げてほしいな」

と伝えます。すると、「次からも手を挙げてみよう」と思うようになります。

大きな挑戦よりも小さな挑戦

人は毎日小さな挑戦を繰り返しています。

- 友達のために、先回りして準備したら喜んでくれた
- 勇気を出して、給食じゃんけんに立候補してみた
- 友達が困っていたから、勇気を出して声をかけてみた

挑戦を避けてしまうと、次のようなマインドになります。

- 友達が怒るかもしれないから、何かするのはやめよう
- 食べたいけど我慢しよう
- 友達は困っているけれど、見て見ぬふりをしよう

挑戦に失敗は避けられません。正しいやり方を教えることは悪くない。しかし、教えすぎると、自分で考えないで指示を待つ子になります。すると、自分で判断できな

い子に育ってしまうのです。

親が共感し、「Yes,but」ではなく「Yes,and」で失敗をいい経験にするサポートをしましょう。

まずは、あなた自身も子どもと一緒に小さく挑戦するところから始めてください。**子どもの前で、「今週、○○に挑戦する！」と親が宣言することをおすすめします。**

さっそく小さなことを宣言しましょう。失敗を通じて学び、成長する勇気を育てるための声かけが大切なのです。

ポイント

結果よりも挑戦に価値を見出す

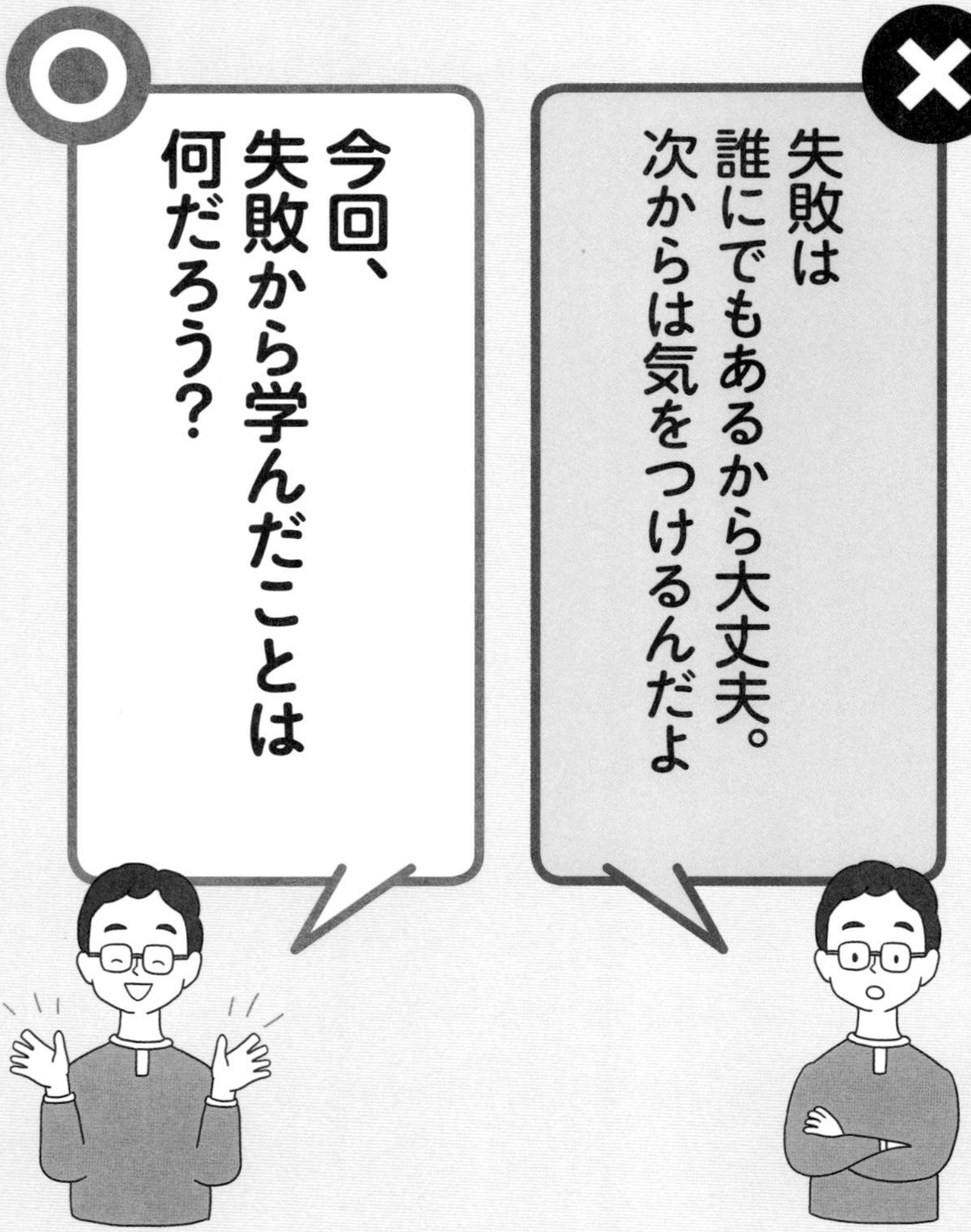
○
今回、失敗から学んだことは何だろう？
×
失敗は誰にでもあるから大丈夫。次からは気をつけるんだようちの子は褒美を与えないとやりません。与えないほうがよいことはわかっているのですが……

「結果」よりも「過程」を評価する

子どもは褒美があると喜びますが、褒美がなくても頑張れる子にしたいものです。

「うちの子は褒美を与えないと頑張れない」「ちゃんとやったら、ゲームしていいよと言ってしまう」――多くの親がよくないと思っているのに、ついついやってしまっていることです。

「テストの点がよかったら何か買ってあげる」

「上手に発表できたら、おいしいものをあげる」

子どもからしたら、頑張る理由ができるのでモチベーションが上がりますが、褒美を日常的に与えてしまうと、長続きしません。

「何かをしたら、褒美を与えて、行動への意欲を高めること」を、心理学では**「外発的動機づけ」**といいます。それに対し、「楽しい」「興味がある」「やりたい」などの内から湧き出るもので意欲を高めることを、**「内発的動機づけ」**といいます。

褒美がなくても何でもやる子に育てたい。誰もがそう思っているのではないでしょうか。

大切なことは、結果よりも過程を評価することです。テストで100点をとったら、

「100点とれてよかったね！　さすがだね！」

と褒めるのではなく、

「よく頑張ったね。どんな工夫をしたの？」

と聞きます。

過程を評価することで、「自分なりの方法が認められた」「また、新しい工夫を考えてみよう」など、自発的な頑張りにつながります。結果が出たと言って何かを買ってあげたり、褒美をあげたりするのとは違います。何かをもらえるからやる、何ももらえなかったらやらない子に育ってしまうからです。

ただ、何かを与えなくても自ら進んでやれる子に育てたいのに、それができなくて、褒美を与えてしまう家庭が大半です。

外発的動機づけを上手に使う

ちなみに、外発的動機づけは「褒美」だけではありません。**ベネッセ教育総合研究所の調査では、「先生や親にしかられたくないから」のような外発的動機で勉強する子が増えています**。じつは、叱責なども外発的動機づけになるのです。

「褒美もダメ。叱ってもダメ。どうすればいいの？」と混乱させたいわけではありません。**内発的動機づけを大事にしながら、外発的動機づけを上手に使う**というのが私の考えです。

褒美なら、子どもだけが喜ぶものではなく、きょうだいが喜べるものや、家族全員が喜べるものにします。「みんなで遊べるおもちゃ」や「家族でご飯に行く」などです。

ひとりだけが幸せになる褒美による頑張りは、長続きしません。みんなが喜べる褒美を与えることで、人のために頑張れる子に育っていきます。

この考えは、教員であるときに保護者の方々から学び、私の教育方針にも大きく影響しています。大人になってから素晴らしい活躍をしている子たちには、外発的動機づけを上手に与えられているように感じます。

内発的動機づけで頑張れる子に育てるために

心理学者アルバート・バンデューラの**「社会的学習理論」**では、自己効力感が重要な役割を果たしていると述べています。子どもが親の反応を観察し、自分の行動が肯定的に受け入れられていると感じることで、自己効力感が高まり、内発的動機づけが促進されていきます。

「何かができた」という結果は大切です。しかし、その結果がどうであれ、過程を評価しましょう。我が子はそのままで素晴らしい。そう思いながら接していくことで、子どもの可能性は無限に広がっていくのです。

図3 勉強するには2つの動機がある

内発的動機

**興味や関心、楽しさなど
学び自体を目的とした動機づけ**

新しいことを
知るのがうれしいから

2020年
68.3%
2021年
64.9%
2022年
68.9%
2023年
69.5%

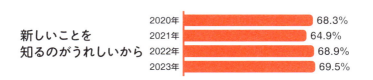

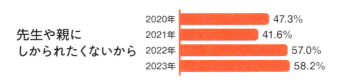

外発的動機

**学び自体とは直接関係のない
目的を達成するための手段としての動機づけ**

先生や親に
しかられたくないから

2020年
47.3%
2021年
41.6%
2022年
57.0%
2023年
58.2%

＊対象は小学4年生〜6年生

ポイント

内発的動機づけを刺激する

×

100点とれてよかったね！
ご褒美に
何でも買ってあげるよ

○

よく頑張ったね。
100点とるために
どんな工夫をしたの？

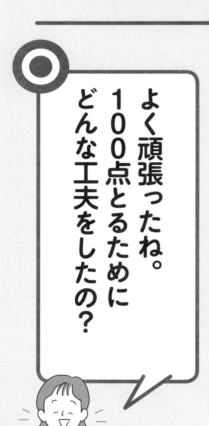

うちの子は前に出たがりません。これからの時代、前に出られないと活躍できない気がして不安です

親の失敗談が子どもの挑戦を後押しする

子どもが最もやる気を失う言葉があります。

「○○しなければよかったね」

挑戦を全否定するような言葉を使ってはいけません。

「そんな簡単なこともできないの？」
「何度言ったらわかるの！」
「さっき言ったでしょ」

何度言ってもできない我が子を見て、つい言ってしまうものです。私もそうでした。そこで、次の2つのことを心に留めておいてください。

①いつ子どもが失敗してもいいように心の準備をしておく
②失敗は挑戦の上に起きることを自分に言い聞かせる

とはいえ、「失敗したくない。傷つきたくない」と思っている子が多くなっているのが現実です。失敗を恐れず挑戦する子に育つために必要なことは何でしょうか。

失敗の後の声かけが大事

子どもが、家族みんなのことを考えて、晩ご飯をテーブルに運んでいるところを想像してください。不安定で、今にも落としそうです。案の定、こぼしてしまったとします。

「なんでやること、増やすの？」

「だから言ったでしょ！」

ではなく、

「けがはない？　大丈夫？」

「運んでくれてありがとう」

と言いながら、親が率先して拭きます。間違っても
「もう手伝わなくていい」

「あなたがこぼしたんだから、あなたが拭きなさい」

などとは絶対に言いません。

今回は失敗してしまいましたが、失敗の後が大事です。失敗は誰でもしますが、その後、その挑戦をしなくなってしまうのか、**また挑戦してみたくなるかは、些細な失敗のときの声かけで決まる**と言っても過言ではないのです。

失敗を恐れず挑戦するには？

そこで、**「モデリング効果」**を取り入れていきましょう。モデリング効果とは、心理学者のアルバート・バンデューラが提唱したもので、周りの人の行動を観察して、真似することで学習することを指します。今回のケースでは、親が挑戦に注目することで、失敗に目を向けなくなります。

子どもは、他人の行動やその結果を観察して学びます。

親は自分の失敗をしっかり見せましょう。「忘れ物をしてしまった」「なくしてしまった」「転んでしまった」などの失敗談を話すことで、子どもは大人でも失敗することを知り、失敗を恐れずに挑戦する勇気をもつようになります。

親でも失敗するし、完璧ではないことを学習すると、自分の苦手を許せるようになります。

親の失敗談は、子どもにとって貴重な学びの機会です。我が子に一番近いあなたがいい場面だけでなく、失敗した場面でもモデルになることが大事なのです。

ポイント

失敗を責めず、挑戦に目を向ける

＊お手伝いの場合

×

だから言ったでしょ！
もうしなくていいからね

○

私もよく失敗したわ。
手伝ってくれて
ありがとう

いつも言わないとやらない指示待ち人間にならないか、とても心配です

自分で判断する癖を生活習慣に組み込む

自分で考えて学ぶ子になるには、４つのステップがあります。

①「やってみたい！」をできる限り否定せず、あまり教えずにやらせる
②また挑戦したくなるように、小さな失敗をいい経験にする
③「うまくいくためにはどうすればいいか」を考える手伝いをする
④「またやってみたい！」になる

子どもの失敗は歓迎ですが、親の声かけの失敗は避けたいもの。「やってみたい」

と言われたときに、「まず全力で応援する」というスタンスを貫きましょう。

結果として続かなくて3日で飽きてしまったとしても、

「だから言ったでしょ」

「最初からそう思っていたんだよね」

などとは、口が裂けても言いません。続けることはとても難しいことです。まずやろうと思ったことを褒めましょう。

やり始めたら、たいてい失敗します。誰でも失敗すれば、あきらめてしまったり、やめてしまったりするものです。そうならないよう、

「挑戦したから失敗できたんだよ」

「この経験を活かして、もう少しやってみよう」

と促します。親も一緒に挑戦しながら伴走するのもいいです。

何をするか悩んでいる子には、

「こっちにしたほうがいい」

「あなたのため」

などと言わず、

「どっちがいいと思う？　あなたが決めたことを応援するよ」

と声をかけます。

「うちの子なら絶対できる」と心から思っていれば、自ずと子どもの成長を後押しする言葉が出てきます。笑顔で、まっすぐ我が子を見て、声かけをしてください。

生活習慣を自分で決めて守る

子どもの失敗の多くに、「友達もみんなやっていたから、やってしまった」があります。

大多数の友達に、我が子も流されてしまう。ある意味当たり前なのですが、ここで、「僕はしない」「私はしない」と言える子に育ってほしいものです。**大事なのは、家庭でも自分で判断する癖をつけること**です。まず、生活スケジュールを自分で決めるところから始めましょう。

・朝何時に起きて、何をする
・帰ってきたら、まず何をしてから遊ぶ
・何時に寝るから、何時までに何をする

ここでのポイントは、「最初はできることが多い」ことです。約束を守っているときがチャンスです。

「自分で決めたことをしっかり守れていいね」

と伝えましょう。

問題は1週間を過ぎたあたりから発生します。親も気にしなくなり、子どもの生活リズムも乱れていきます。そこで行なうことは、親が根気強く見守り、声かけし続けることです。

3週間継続できると習慣化すると言われています。特に無意識でできるまでの3週間は、親の習慣化だと思って、子どものできたことを常に伝えるといいでしょう。

心理学者で精神分析医のエリク・エリクソンの「発達心理学における自律性の発達

段階」によると、**子どもは、自分の選択に対して責任をもつ環境を与えられることで、自信が育まれ、自分の判断を信じる力が強くなると言われています。**

親がすべてを決めるのではなく、自分で判断することが大事だとわかります。親の役割は、子どもが自分の力で成長し、自立していく手助けをすることです。だからこそ、教えるのではなく、**子ども自身が判断する癖をつけることが重要**なのです。

ポイント

子どもの判断で自分の生活のスケジュールを決める

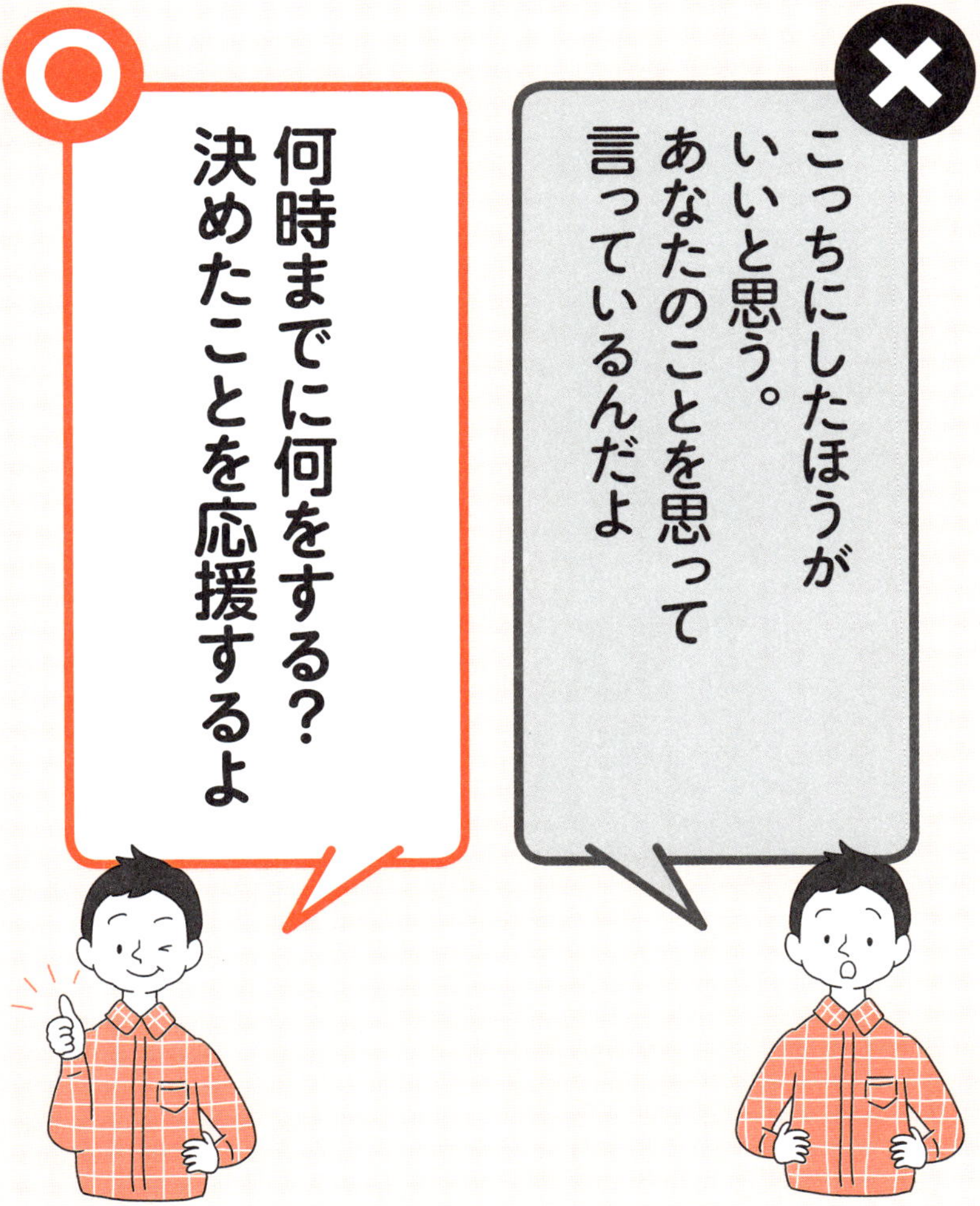

親の言うことを聞いてくれないので、ついつい命令口調になってしまいます

「○○しなさい」と言わずに、「どう思う？」と問い返す

ただ子どもを見守るだけでは、自分で考え判断する子にはなりません。行動がうまくいってもいかなくても、親はその経験をいい経験に変える子になってほしいと願うものです。

大切なのは、「○○しなさい」と極力言わないことです。

「どう思う？」と疑問形で聞き、答えはできる限り言いません。

スムーズに問い返しをすることで、自分で判断できるよう、背中を押します。

あるとき、夜更かしをやめない子に手を焼く親御さんがいました。

「うちの子は、毎晩夜更かしをしてしまい、朝起きるのが辛そうです。早く寝るように言っても、『あと少し』と言ってテレビやゲームを続けてしまいます。どうすれば、早く寝る習慣をつけられるのでしょうか？」

多くの親は、「○時に寝て、○時に起きなさい」「テレビとゲームは禁止！」と命令することで改善を促します。

ゲームやテレビは中毒性があるので、時と場合によっては、命令口調が必要なときもあります。ただ、命令すると、子どもが自分で考える機会を奪ってしまいます。ですから、命令を極力少なくするように意識することがとても大事です。

「早く寝なさい！」

ではなく、

「そもそも、なんで早く寝なきゃいけなかったんだっけ？」

と問いかけます。

子どもは考えながら、

「次の日の学校に行きたくなくなるから」

「健康な生活ができなくなるから」

など、真っ当な答えを出してきてくれます。もし出てこなかったり、反発したりするようなら、

「早く寝られるようにするためには、どうしたらいいと思う?」

と問います。

「ゲームは20時までにやめる」

「宿題は帰ってきたらすぐやるようにする」

「起きる時間を決める」

これらを、子どもが言うのを待ちます。よくない声かけは、質問しているようで言わせるように仕向けるもの。子どもから学ぼうと聞く姿勢が大切です。

言葉にすると同じでも、親の心の持ち方だけで大きな違いが生まれてくるのです。

「どう思う？」を口癖にする

自分で考える力を養うことは非常に重要です。ここでのキーワードは「どう思う？」です。聞かれることで、子どもは自分の思いについて考えるようになります。「どう思う？」を親の口癖にしておくとよいです。

心理学者であるエドワード・デシらが提唱した**「自己決定理論」**という考えがあります。「自律性の欲求」「有能感の欲求」「関係性の欲求」という3つの基本欲求を基礎とするものですが、人間が健全に発達するには、自律性が特に必要とされています。**子どもが自分で決定する経験を通じて、責任感が育まれる**のです。

親が子どもの意見を尊重し、問いかけることで、子どもは自分の考えを表現できます。その結果、**困難な状況でも柔軟に対応する力を養うことができる**のです。

大事なことは、急がないことです。変化は少しずつでいいのです。変化が見えなくても、親自身の声かけを変えてみましょう。

「どう思う?」は、親から我が子への信頼と興味の表れです。子どもは、「自分に興味をもってくれているんだな」と感じます。

「どう思う?」をあなたの口癖にして、自分で考え、答えを見つける力を子どもに身につけていってもらいましょう。

ポイント

できるだけ命令せずに、答えを子に任せる

×

時間が過ぎたから、
ゲームは終わり。
もう夜遅いから、
はみがきして寝なさい

○

ゲームの時間は
過ぎているよ。
明日は朝早いけど、
どう思う？

子どもがすぐ感情的になり、言うことを聞きません。私も感情的になってしまいます

「〇〇すべき」を日常生活から排除する

多くの親が抱える問題の一つに、

「我が子がすぐ怒って泣いてしまい、言うことを聞かない」

があります。

最初は優しく接しています。でも何度言っても変わらないので、つい声を荒らげてしまう。叱るにしても、いい方法がわからない。私も同じ思いを抱えていました。

私は若い頃、強く叱れる人がいい教師だと思っていました。

「4月のうちにどっちが上か、ちゃんと子どもたちに教育するの」

「なめられたらダメ」

「しつけをしっかりしていないクラスは、年度後半にうまくいかなくなる」
たくさんの先輩の助言をもとに、叱らなくてはいけないとプレッシャーを感じていたことを思い出します。

若い自分は、「厳しく接する」「あえて笑顔にならない」など、今とは全く逆の考え方でした。そして、「あれはすべきだ」「これくらいできるのは当たり前」と、子どもたちを追い込んでいました。今ではとても反省しています。

なってほしいのは、親や大人の言うことを素直に聞く子どもではなく、自分で考え、予測不能な世の中をワクワクしながら歩める子どもです。そのためには「べき」を捨てる必要があります。

- 親だから、こうしなければダメ
- 小学生は、こうしなければダメ

勝手な思い込みが、自分たちをどんどん追い込み、行きにくい世の中をつくっています。

親であるあなたは、親である前にひとりの人間です。もっと自由でいいのです。子どもの問題行動を見ても、自分のせいにしないでください。ダメな親だと思っていると、子どもにも影響が出ます。

「お父さんやお母さんがいつも悩んでいるのは、自分のせいだ」と悩んでいい子に育つならいいのですが、そうはなりません。自分自身を責めて、問題行動を起こす子はたくさんいるのです。

子どもをコントロールしようとしない

まずは、親がゆとりをもちましょう。

子どものことばかり考えず、自分の人生を楽しむために何をすべきか考えましょう。おいしいものを食べるでも、早く寝るでも、何か買うでも構いません。自分の人生を豊かにする大事な要素の一つに子育てがあるくらいの考えに変えるのです。

最も簡単な方法は、声かけを変えることです。命令形の口調をなくすだけで、心のあり方が変わります。

「お父さんは◯◯がしたいから一緒にやろう」

「お母さんは◯◯したいんだけれど、一緒にやる？」

とにかく子どもに強制せず、問いかけます。そして、提案を加えることです。

あくまで主語は親である自分です。子どもが「やらない」と言ったときも受け入れる準備をしておきます。イエスも〇Ｋ、ノーも〇Ｋ。子どもをコントロールしようとしない。子どもが伸びる秘訣は、このマインドにあるのです。

自分の中にある「べき」を捨てる

あなたの中にはたくさんの「べき」があります。赤ちゃんのとき、言葉がわからないのに挑戦できたのは、「べき」がないからとも言えます。

「今はこれをすべきだよ。将来必ず役立つから」

「私は親としてこれをすべき。親として当たり前」

「あの親は、あんなこともしていない。親としてすべきことなのに」

このような思いを抱えているのなら捨て去りましょう。


「親だからってあきらめることはない」

「いろいろなことにチャレンジしていい」

「あなたの思うことをやってごらん」

こんな気持ちで接することで、子どもは自分のペースで成長し、自立する子に育っていきます。

心理学の世界でも、「○○すべき」を取り除くことは大切だと言われています。
アドラー心理学の**「勇気づけ」**の概念では、子どもに対して肯定的な期待をもち、失敗を恐れずに挑戦する姿勢を見守ることが重要とされています。子どもが安心して自分を表現できる環境をつくることで、**「自己効力感」**が高まります。自己効力感とは、目標達成のための能力を自分はもっていると思える状態、つまり「自分はできる」と思える状態です。

「べき」をなくすことで、安心して自分を表現し、今の常識にしばられず、自分で考えられる子に育ちます。「べき」という言葉で子どもの世界を狭めないようにしましょう。

ポイント

親の思い込みを捨てる

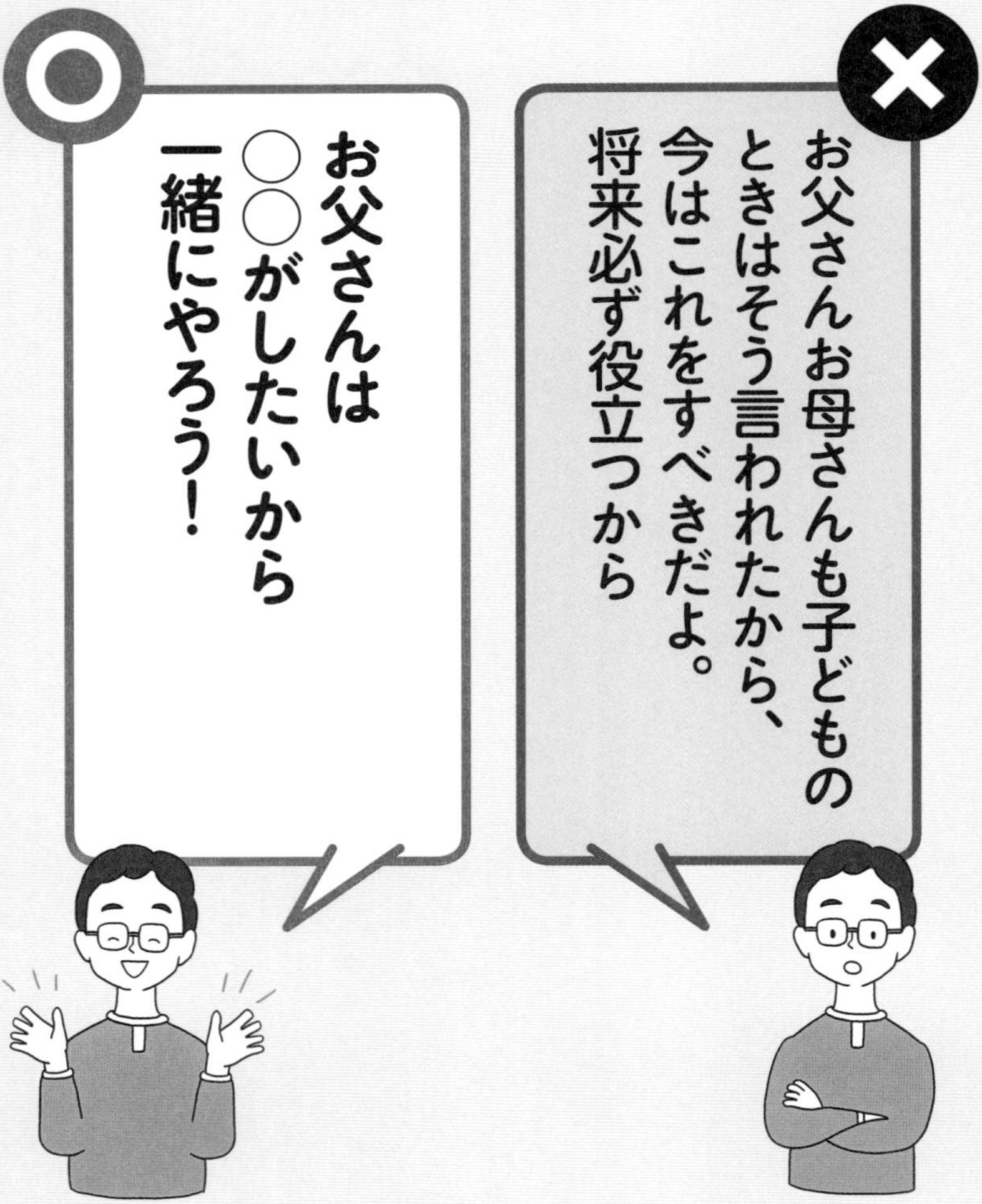
×
お父さんお母さんも子どものときはそう言われたから、今はこれをすべきだよ。将来必ず役立つから
○
お父さんは○○がしたいから一緒にやろう!

第2章

自分で考えて学ぶ子に育つ「比べ方」

つい、昔の自分と比較して指摘してしまいます

親のものさしで比べない

どの親も、無意識のうちに我が子を誰かと比べています。近所の子やきょうだい、同じ年頃の自分などです。

長いこと教育現場にいますが、「なんであなたはできないの！」「他の子たちはこれだけやっているんだよ。やりなさい！」と言う親は減ってきました。

また、「うちの子はダメなんです」と謙遜でも言ってくる親も減りました。それはいいことだと感じています。

一方で、「普通の生活をしてくれればいい」と言う親が多くなりました。

「東大に入ってほしいわけではないんです。普通に高校に行って、大学に行って、普

通に結婚して幸せになってほしいんです。贅沢は望みません」

普通の生活とは言うものの、「普通」という言葉が出てくるのは、比べているからです。

- 多くの子が塾に行くから行く
- 多くの子が習い事をしているからする

「とりあえずいろいろやらせておけば、どんな時代になっても対応できる」と、信じている親が多いです。

比べないことが大切

「先回りして勉強させておこう」「習い事に通わせよう」という親は、子どものために行なっています。正しいと信じて疑いません。しかし、その考えが、多くの子どもを苦しめているところを、私はたくさん見てきました。

「我が子を立派にしたい」「普通に幸せに生きてほしい」は、親のエゴでしかありません。子どもの前で自分がいい親だと思われたいという気持ちが少しでもあると、陥りがちです。

ですから、**「比べない」ことが大切です**。比べることで、勝ち負けが生まれます。比べていいことはほとんどありません。


たとえば、字を書くのが得意でない子がいたとします。

「私が子どもの頃はもっと大変だったよ。頑張りなさい！」

と昔の自分と我が子を比べて言った結果、子どもは書くことを嫌いになってしまいます。

「書く」行為は、自分の考えを伝える手段です。伝えることが楽しいと思えれば、文字を丁寧に書けるようになっていくのです。


「あなたは字をゆっくり書けていいね」

「あなたにはあなたの良さがあるから大丈夫」

と声をかけることで、子どもは成長する過程を楽しむことができます。

直してほしいところばかりに目が向いていると、子どもの可能性は狭まります。


また、きょうだいとの比較も同様です。

「あなたはお兄ちゃんより国語ができないから、家で漢字を毎日やりましょう」

これでは、言われた当人はやる気が出ません。

お兄ちゃんよりできないからといって、クラスの中ではできるほうかもしれません。

比較対象によって、できているかできていないかは変わるのです。ですから、比べることによって生まれる得意苦手など、参考にしてはいけません。

親のものさしによる比較から解放された子どもは、自分のペースで成長します。

今、この瞬間から、我が子のありのままを見つめ、比べないことの大切さを意識していきましょう。

ポイント

親が子どもの頃の自分と比べない

×
お父さんの子どもの頃は
もっと大変だったよ。
頑張りなさい！
○
あなたには
あなたの良さがあるから
大丈夫

きょうだいのあいだで比べて、悪いところばかり見えてしまいます

きょうだい一人ひとりの個性をおもしろがる

「比べてはいけないとわかっていても、つい比べてしまう」、よくわかります。

特に比較してしまいがちなのが、前節の後半で紹介した「きょうだい」です。特に、できていないほうの子に目がいきます。

大事なのは、きょうだい一人ひとりの個性を大切にすることです。「できないこと」を、その子の個性だと思い、心の底からおもしろがってみましょう。

「先生、我が子がまた家でこんなおもしろいことをしまして……」

「うちの子はほんと天才で、こんなバカなことをしているんですよ」

今まで接してきた親御さんが、こんな感じで私に話しかけてきてくれます。この親

御さんは我が子をバカだなんて少しも思っていません。自分にはない行動をおもしろがっています。

自分にはない考えを楽しみながら、子育てをしているので、笑顔が絶えません。

その子を見ていても、確かに個性が豊かです。学校にはそういう子を嫌う先生もいますが、私はその親御さんと同じように、本当におもしろいなと思いながら見ていました。

その子は、もちろん失敗もありましたが、何度も挑戦するからどんどんできるようになります。大人になって「先生！　今こんなことをしています」と報告に来てくれる子は、たいていそういう子です。**我が子の挑戦をおもしろがれるか、失敗を許容できるかが、親の重要なポイントです**。

不思議なことに、クラスにそういう子がいる場合、クラス全体でどんどん挑戦していくようになります。

比べて、いいことはほとんどありません。どちらかに優越感が生まれれば、どちらかに劣等感が生まれる。互いに比較し合い、家庭内でも競争する。どちらにも素晴らしいところがあるのに残念です。結果として、比べることは、子どもにとって自己評価を下げる大きな要因になるのです。

ですから、**「家庭の中で優劣をつくらない」**ことを意識しましょう。

下の子が勉強をしないからといって、「お兄ちゃんは、あなたの歳のときにもっと勉強を頑張っていたよ」といった言い方は絶対にしません。

下の子に対して「自分は劣っている」という感覚を植え付けてしまうだけでなく、上の子は「ちゃんとしなきゃいけない」というプレッシャーを感じます。

アルフレッド・アドラーは、子ども一人ひとりの個性を尊重し、その子のユニークな能力や特性を認めることの重要性を説きました。アドラーは「劣等感」を克服するために68ページでも紹介した「勇気づけ」という手法を提唱しています。比較を避け、「あなたにはあなたの素晴らしいところがある」と肯定的なフィードバックを与えます。そうすると、子どもは自分の強みに気づき、自信をもって行動できるようになっていきます。

また、アドラーは**「共同体感覚」**の重要性を強調しています。これは、家族全員が協力し合い、互いに支え合うことを意味します。きょうだい間の比較を避け、**互いに励まし合う環境をつくることで、家庭内の絆が強まり、子どもたちはよりよく育っていく**のです。

みんなちがってみんないい

私は**「良さ」を見るメガネをかけましょう**、と常に伝えています。親が良さに目が向けば、子どももきっと良さに目が向くはずです。

子どもが自分の短所で悩んでいたら、受け止めつつ流し、良さを伝えます。

褒めてコントロールしようとせず、心から子どもの良さを見つめるのです。今いい生活が送れていなくても、「必ずうまくいく」と信じてあげることが、将来子どもの幸せにつながります。あなたが笑顔で幸せそうだと、その笑顔は子どもにも伝染します。きょうだい間の比較をせず、子ども一人ひとりの良さに注目してみましょう。

ポイント

「良さ」を見るメガネをかける

×

お兄ちゃんは、
あなたの歳のときに
もっと勉強を頑張っていたよ

◎

私はあなたの
○○なところが
大好きだよ

親に怒られて嫌だったのに、親になったら自分の親と同じように怒ってしまいます

子どもの「1年前」と「今」を比べる

毎日接していると、我が子のできていないところが目についてしまいます。

よくある悩み相談に、「自分が親に怒られていたように、我が子にも同じように怒ってしまう」があります。親である自分が子どもの頃、嫌だったはずなのに、同じように怒ってしまうのは避けたいところです。

怒ってしまうのは、やはり、誰かとの比較が原因です。**比べることをやめるだけで、自分の親と同じような怒り方はしなくなります**。「わかっているんです。でもしてしまうんです。どうすればいいですか?」という相談をたくさんもらいます。

そんなときは、**我が子の1年前と今を比べてみましょう**。

子どもは大人と違って、時間が経つだけで成長します。1年前の我が子をイメージしておくと、対応が変わります。

「1年前」が大事なポイントです。たった数日では変わりませんが、1年前と比べれば、「あれもできるようになった」「これもできるようになっている」と感じるはずです。

違いがすぐわかるためにも、子どもの成長を記録しておきましょう。

1年前と今を比較するには、成長を記録しておく必要があります。日々の小さな進歩や出来事をメモに残すことで、後から振り返る際に子どもの成長を具体的に実感することができます。

「成長記録をつけていなかった。そういうことが苦手なんです」

「赤ちゃんの頃はしていたけれど、今は忙しくてできていません」

そんな声を聞きますが、**スマホで写真を撮っておくだけでいい**のです。今スマホを見返したら、我が子の1年前の写真があるのではないですか。

今の親はSNSなどに意外と残してあるものです。ぜひ、見返してみてください。

毎日、言い続ける

まず、「身長が伸びている」「大きくなっている」「大人っぽくなっている」などの見た目の成長に気づきます。その後に、「あのときは、まだこんな漢字も書けなかったし、こんな計算もできなかった」と1年間の成長に気づくでしょう。

そこに気づいたら、すぐ我が子に伝えます。

「昨年の今頃は漢字の書き取りが苦手だったけど、今ではこんなに上手に書けるようになったね」と伝えます。「なんで急に？」と子どもは戸惑うかもしれませんが、褒められて嫌な子はいません。**1回ではなく、毎日のように言い続けること**です。すると、子どもも自分で自分の成長を実感しやすくなります。

「昨年はできなかったことが、今ではこんなにできるようになったんだ」と伝えることで、子どもは自分の努力が認められていると感じ、自信をもつことができます。自信がもてれば「僕はできる。私はできる」マインドになり、どんどん挑戦していく心を取り戻していくのです。

時間が経てば身長が伸びるこの時期は、特別なことをしなくても成長します。そこを、本人の努力のように伝えながら認めます。

「これはできなかったのに、今はできてすごいね」

これだけのやりとりでじゅうぶんです。1年前と比較することで、周りの友達と比べないようにしましょう。

また、夕食の時間に「今日のよかったこと」を話し合う習慣をつけることで、自然と過去のことも話題に上り、成長を実感する機会が増えます。家族全員が子どもの成長を喜ぶことで、家庭の絆も深まります。

コツコツ続けることで、子どもの成長を素直に喜ぶことができます。見る視点を変えるだけで子どもの「良さ」を感じられるので、親子にとって、いいことずくめの方法です。

ぜひ1年前の我が子の写真をスマホから探してみてください。我が子のできるようになったことがたくさん浮かんでくるはずです。

ポイント

1年前の写真を見てみる

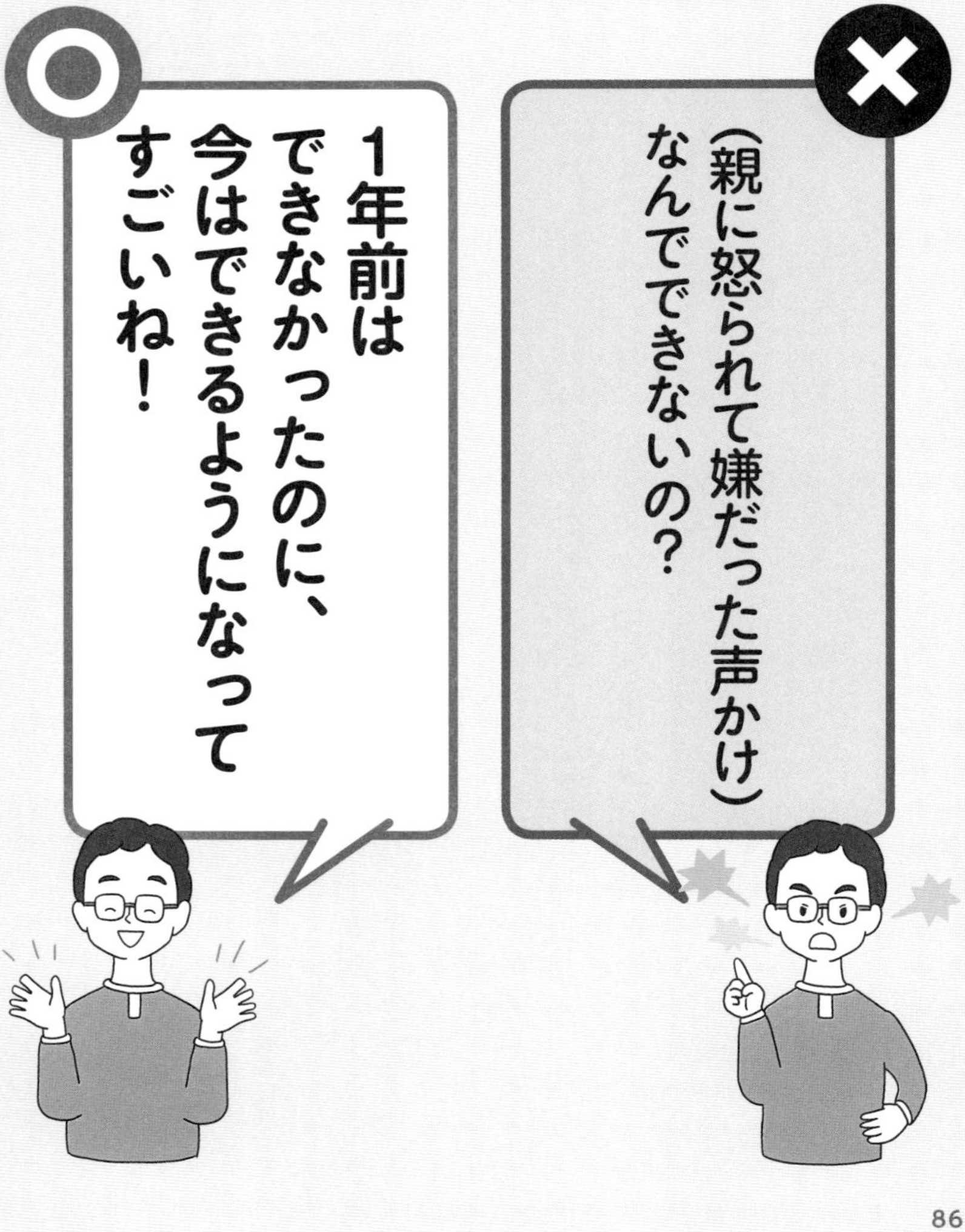
×
（親に怒られて嫌だった声かけ）
なんでできないの？
○
1年前は
できなかったのに、
今はできるようになって
すごいね！

他の子と比べると、うちの子は遅れている気がして、このままでいいのか心配です

親の解釈を変えて、個性を最大限に伸ばす

授業参観などで学校に行ったとき、自分の子どもを見ると同時に、他の子にも目がいきがちです。

「うちの子は学校で大丈夫かしら」

学校の様子は、見えにくいので、心配になるものです。教師であった私ですら、我が子に対してそうでした。

まず大前提として、子どもが周りの子と同じことができないからといって「うちの子は遅れている。親として何かしなくてはならない」と感じる必要はありません。単に違う視点や能力をもっている。**それはそれでよいと思うくらいでいい**のです。

同じ事柄でも、悪い解釈とよい解釈があるのです。

よい解釈をすることで、子どもの自己肯定感を高めることができます。

この章の「きょうだい一人ひとりの個性をおもしろがる」で紹介した親御さんのように、子どもがどんな状態でも「おもしろいね！」と、まず受け止めます。「おもしろい！」と受け止めてもらえると、子どもは自分の考えや意見を尊重されていると感じ、このままでいいんだと、思うようになります。

もちろん、人に迷惑をかけていることはやめさせます。でも、「あなたは素晴らしい」というメッセージを常に伝えましょう。

ベネッセ教育総合研究所の調査によると、「自分の考えをもつことが大切」と伝えている保護者の子どもは、「他の人が思いつかないアイデアを出すこと」が得意と答える傾向であることがわかっています。

親のあり方が、子どもの好奇心を伸ばしていることがわかります。親の子に対する接し方次第で、子どもの可能性は広がっていくのです。子どもを変えるのではなく、親であるあなたの考えを変えてしまったほうがてっとり早いですよね。

フロー状態に入る

心理学者ミハイ・チクセントミハイの**「フロー理論」**をご存じでしょうか。

フローとは、完全に集中し、没頭している状態です。この状態にあるとき、人は最大限のパフォーマンスを発揮します。

子どもなら、乗り越えられそうで乗り越えられないような壁を一生懸命乗り越えようとしているときです。フロー状態は、適度に挑戦的な課題に取り組むときに発生しやすいと言われています。

- **漢字テストで満点を目指しているとき**
- **サッカーのリフティングで自己最高記録を出そうとしているとき**
- **毎日続けている犬の散歩を忘れないようにしているとき**

子どもが興味をもつことで挑戦すると、子どもはフロー状態に入りやすくなります。

たとえば、絵を描くのが好きな子どもが、自分独自のスタイルを追求することでフロー状態に入ります。

「みんなと描き方が違うけれど、大丈夫？　先生の話を聞いているの？」

ではなく、

「あなたらしくていいね。素晴らしいと思う」

と声をかけることで、子どもは自分の独自性が認められたと感じ、さらに創造的な活動に意欲をもつようになります。

ついつい、「うちの子はみんなと違う。大丈夫かな？」と思いがちですが、ここは捉え方を変えてみましょう。「私の子だから大丈夫」と信じきります。

それだけで子どもは自分に自信をもち、新しいことに挑戦します。

その結果、子どもは自己成長を楽しみながら、自分の未来を自分の手で切り開いていくことができる子に育っていくのです。

ポイント

みんなと同じにすることを強要しない

×

友達をよく見て、同じことをしてほしい。あなたのことを思って言っているんだよ

○

あなたらしくていいね。素晴らしいと思う

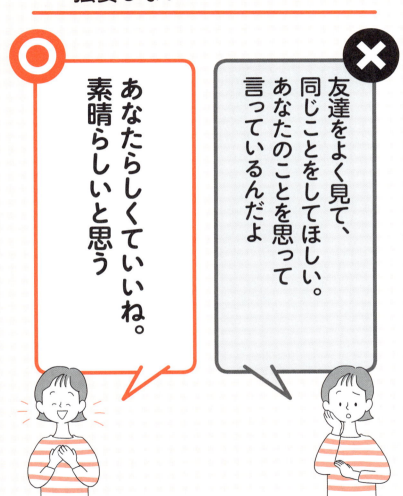

結果を出したときの褒め方を教えてほしいです

自分の子どもが優れていても他の子と比べない

「子ども同士をむやみに比べることに意味がないことはわかりました。そう言われたので、褒めて叱らずやっていたら、言うことを聞かなくなってしまい、最後はドカンと叱って自己嫌悪に陥ってしまいます」

この流れでうまくいかなくなっていく家庭をたくさん見てきました。この方は何を褒めていたのでしょうか。我が子と周りの友達を比べて、優れているところを褒めていたのでしょうか。そこがもしかしたら言うことを聞かなくなってしまった要因かもしれません。

我が子が他の子どもより優れていると感じたときでも、比べてはいけません。子ども自身の努力と成長を認めることが大切です。

できていない我が子と周りを比べないだけではありません。たとえ、**我が子が優れていても比べない**のです。比較がよくないとわかっている親でも、ここに陥っている人は多いです。

「あの子よりこんなにできているね。すごいね！」と言われている子は、根拠のない自信が生まれてしまいます。そのためどこかで自分ができていないことに気づいたとき、心が折れてしまうのです。

「徒競争で1位だった」「大会で優勝した」「コンテストで表彰された」「塾のテストで順位が上がった」――こんなシーンでも比較して褒めません。

「徒競争で1位になるために一生懸命頑張っていたよね。頑張ったことがすごかったと思うよ」

という声かけでじゅうぶんです。

褒め方にもテクニックがある

「クラスで一番はすごいね！　お母さん、うれしいな」

という褒め方はしません。

「一生懸命努力しているし、よく頑張っているね。私も何か頑張ろうかな」

と、子どもの努力や成長にスポットを当てます。

また、子どもが調子に乗ってしまった場合でも、冷静に対応します。

「あなたが一生懸命努力している姿を見ると、本当にうれしい。でも、わたしは、一番だったから褒めているわけではないの。目標に向かっていつも頑張っているから、すごいって言っているんだよ」

いつも結果ではなく、頑張った行動について、褒めます。

心理学者B．F．スキナーが提唱した**「強化理論」**は、行動が報酬によって強化されると、その行動の頻度が増加するという考え方です。

褒美はよくない、与えるにしても、みんなで喜べるものでしたね。ここでお伝えしたいのは、「負の強化」です。

「みんなである子にいじわるしていると、楽しい」
「よく寝坊していると、それが当たり前になって毎日ぎりぎりまで寝ていたい」
「努力していないのにいい結果が出てしまって、努力する習慣がなくなる」

などです。

子どもに負の強化が起きているときは、その行動が望ましくないことを冷静に伝えましょう。小さく習慣化することでよい結果につなげていきます。

そして、伝えるだけでなく、子どもの習慣が改善されるように親が頑張ることです。ここが非常に大事なのに、伝えるだけで変わらないと嘆いている親御さんがとても多いです。

子どもは子ども。あなたとは別の生き物です。子どもを変えようとせず、自分の行動をどう変えられるか、そこだけを考えて生活しましょう。

怒鳴るのではなく、子どものことを思って叱ります。そして、

「本当はあなたはできる子。大丈夫。一緒に頑張ろう」

と、心の底から思って、笑顔で声かけします。

「優れている」と思った時点でアウト

我が子が優れていると、親もうれしくなります。無意識に比べて褒めてしまうかもしれません。それくらい、比べることをコントロールすることは難しいです。

一緒に喜ぶことはもちろん〇Kです。ただし「優れている」と思う感情自体、比べることから生まれることを忘れないようにしましょう。

我が子が優れていても比べません。比べるのであれば過去の我が子とだけでしたね。うちの子ならどんな学校に行っても、どんな仕事をしてもいい人生を送れると、子どもである今から信じることを習慣化してみましょう。

ポイント

優れていると思ってはいけない

✕

クラスで一番はすごいね！
お母さん、うれしいな

◎

一生懸命努力しているし、
よく頑張っているね。
私も何か頑張ろうかな

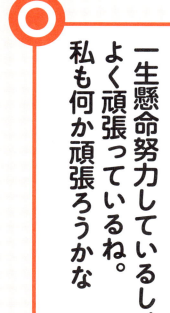

誰かと比べず、我が子の能力をもっと伸ばすには、どうすればよいですか？

今日よかったことを3つ書いて、振り返りを習慣化する

勉強もスポーツも、ただやるだけでは伸びません。**何ができて何ができなかったかを振り返ることが大事**です。

子ども自身で振り返りをするには、工夫が必要です。

ある家庭では、布団の横にノートを置いて、寝る前に今日よかったことを3つ書いて寝ます。

親も一緒にノートに書き込みます。子どもは、親と一緒に取り組むことで「一緒にやろう」と思うようになるからです。

「強制」ではなく「お願い」――親と子の関係を縦ではなく横のつながりとして意識

することで、親子関係がうまくいき、自分で考えて学ぶ子に育っていきます。

日記をつける習慣も有効です。文字を書くことが続かない子は、メッセージアプリを活用して、親から「今日のよかったこと」を送ると、子どもも返信してくれます。

いいことを共有し合うと、親も元気をもらい、子どもも自分のよい点を認識できます。こうして、親子のいいサイクルが生まれ、他の子ではなく自分自身と比べる癖がつきます。

ポジティブ日記を習慣にする

マーティン・セリグマンの**「ポジティブ心理学」**がこれにあたります。人間の強みに焦点を合わせ、そこを伸ばすことで、幸福感や満足感を高められます。セリグマンらの研究によれば、**日々のポジティブな体験を記録することで、自己肯定感が高まり、ストレスや困難に対する力が強化される**ことがわかりました。日記はまさにうってつけです。

先ほどの親子間のやりとりによって、子どもは自分のポジティブな経験を振り返る習慣を身につけます。子どもは自分の成長や努力に対してポジティブな評価を行ない、自己効力感が高まります。

子どもの行動はすぐには変えられませんが、親は今すぐ変えられます。

- **周りの子と我が子を比べない**
- **我が子は過去の我が子と比べ、ポジティブな成長に気づくようにする**
- **振り返る習慣を身につける**

この3つができれば、挑戦できる力を身につけていけるはずです。

比べないといっても、人は比べてしまいます。比べるのは過去の自分。そのために、振り返りを習慣化することはとても大切です。自分と比べだすと、人は周りの人と比べなくなるのです。

ポイント

ポジティブな体験を記録する

×
昔はもっとできたのに。
なんでできなく
なっちゃったの？
◎
（ノートを見て）
振り返ってみてどう？
いい変化はあった？

第3章

自分で考えて学ぶ子に育つ「見守り方」

極力言わないように見守っていますが、ちゃんとやらなくて困っています

適度な距離感を見つけて、見守ることを宣言する

子どものためにと思い、親として、過度に干渉してしまうことはよくあることです。生まれてきてくれたことに感謝し、健康で育ってくれれば何でもいいと思っていたのに、年齢を重ねるうちに、これもあれもやらせなきゃと、考えてしまう。もしかしたら、親が少し頑張りすぎているのかもしれません。

過度な干渉は、子どもの自主性や独立心を妨げてしまいます。

気をつけたいことは距離感です。あなたの思考が子どものことでいっぱいになって、距離が近くなっていませんか。

子どものことばかり考えていると、心配になってしまい、いずれ信用しなくなって

しまいます。

「見えるところでやりなさい」

「どうせやらないんだから、今やりなさい」

「どうせ／絶対／いつも」などの言葉が出てきたら要注意です。あなたは子どものことを信頼していない可能性がありますし、その思いは子どもに伝わって、ますます言うことを聞かなくなります。

適度な距離を保つことで、子どもは自分のペースで成長していきます。また、子どもが自分で決めることを尊重する姿勢も大切です。宿題の時間や方法を決めさせることで、責任感が育っていきます。

見えない場所に移動する

物理的な距離も同様です。少し離れることを意識しましょう。

一番いいのは、子どもが見えない場所に移動することです。もちろん放置はダメですが、子どもは、「監視されていない＝信用してくれている」と感じ、一生懸命頑張ろうとします。自分の部屋にこもるとやらない子とは、同じ部屋にいてよいですが、2、3メートル離れたところにいるようにします。

子どもが寄ってきたら、笑顔で話を聞きます。「問題がわからないんだけれど」と言ってきたら、一緒に解いてあげましょう。

もちろん、いつも宿題に没頭できるわけではなく、誘惑に負けてサボってしまうこともあるかもしれません。そういうときは、叱るのではなく、「私もそうしてしまうことがある」と伝えましょう。

手助けしない親の応援がカギ

心理学の手法の一つに、**「アサーショントレーニング」**があります。自分の意見や感情を適切に表現するためのトレーニングです。子どもにも、自分の考えをしっかり言える子もいれば、ためこんでしまう子もいます。子どもの性格や状況に応じた対応を親が身につけることで、親の目を光らせなくても、子どもが自分から進んで行動できるようになっていきます。

「ここで見守っているから、何かあったら言ってね」

と言うと、子どもは安心するのです。

ベネッセ教育総合研究所の調査によると、保護者が「子どもがやりたいことを応援してくれる」と、子が「難しいことや新しいことにいつも挑戦したい」と考える傾向にあります。

つまり、親が応援してくれると挑戦心がアップします。親の応援は、思った以上に子どもの力になっているのです。

- **我が子を信じる**
- **失敗したら、いい経験をしたと思う**

適度な距離感を保つことで、子どもは自分で考え、行動する力を養います。

これは、将来の自己成長や成功につながります。自分で問題を解決する経験を積むことで、子どもは自分の力を信じることができるようになるのです。

宿題をやらないときは、距離をとりましょう。最初は親のほうの忍耐が必要ですが、「うちの子なら必ずできる、うちの子を信じる」と、自分の中で何回も唱えてください。

ポイント

すぐに手を貸さない

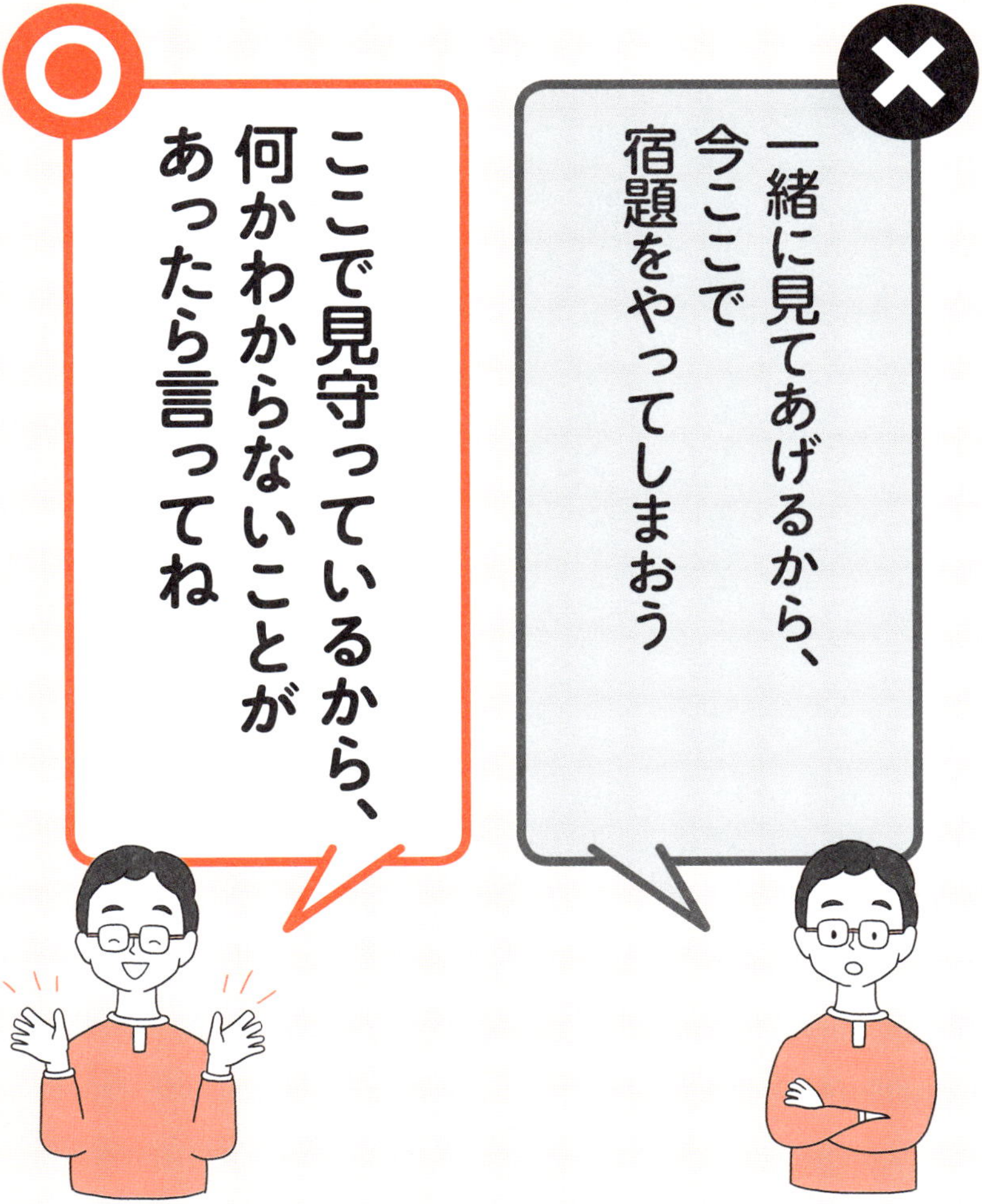

いつも「どっちでもいい」と言う子になってしまいました。自分で決めてほしいのですが……

ポジティブなラベルを貼って、挑戦する機会を奪わない

ベネッセ教育総合研究所の調査によると、最近の親の悩みで一番多いのが、「子どもがゲームばかりして、やるべきことをやらない」です。

「べつに」「どっちでもいい」「やりたくない」、そんなことばかり言う子が増えています。

小学校に入るまではそうではなかったはずです。知らず知らずのうちに、そんな言葉を発するようになってしまったのはなぜでしょう。

反対に、「おもしろそう！」「やってみたい」「連れてって」と言う子どもたちがいます。この違いはどこから生まれるのでしょうか。

「何でもやってみたい」と思える子は、日常で小さな挑戦ができる環境があり、そこで小さな成功体験を積んでいます。そんな子の親は、

「失敗してもいいんだよ」

「危なくなければ、どんどんやってよいよ」

「それ、おもしろそうじゃん！　やってみな！」

と声かけしています。

- **挑戦しても怒られない。むしろ応援してもらえる**
- **うまくいかなくても、挑戦をたたえてくれる**

安心できる環境が、「何事もまずやってみよう」という気持ちにしているのです。

親は子どもがかわいいからこそ、失敗しそうなときは回避する声かけをしてしまいます。

「アイドルになれるのは、数人しかいないから、ケーキ屋さんがいいね」

「プロ野球選手になれる確率はとても低くて、東京大学に行くほうが確率高いんだよ」
「何をするにも勉強が大切。夢ばかり言ってないで、目の前のことをしっかりやろう」

せっかく描いた夢をくじく言葉を使ってはいけません。

確かにプロ野球選手になれるのは、ひと学年で数十人もいれば多いほうでしょう。それに対し、毎年東大に入れるのは3000人程度です。東大生もプロ野球選手もすごいですが、目指すなら勉強したほうがいいというのは、確率的にも正しいことを伝えているのかもしれません。

それでも親が失敗をおもしろがって、どんな挑戦でも応援すると決めましょう。子どもは自信をもって新しいことに取り組めます。

真面目で一生懸命な親ほど、子どもとの関係に悩んでいます。良かれと思ったひと言が行動を抑制させてしまうことがあるので、要注意です。

「大丈夫。なんとかなる。失敗してもいい。まずやってごらん」

と、心の底から言えるかどうかです。

失敗は成長のチャンスだ

ベネッセ教育総合研究所の調査では、「失敗は成長のチャンスだ」と思う子は、「自分に自信がある」傾向があります。

親が子に、「失敗は成長のチャンスだ」ときちんと伝えましょう。何より、失敗したときの対応が大事です。

- **すぐ手を差し伸べるのではなく、見守る**
- **自分で解決できることは自分で解決させる**
- **失敗したことを経験とする**

失敗した後の対応によって、強い子に育てることができるのです。

「ラベリング効果」は、まさに有効です。人から与えられた評価やラベルが、その人の行動や自己評価に影響を与えるという考え方です。

「あなたは、いつも挑戦していてすてきだね」と親がポジティブなラベルを与えることで、子どもは自分を挑戦者として認識し、その期待に応えようとします。

逆に、「うちの子は落ち着きがない」「うちの子は、長続きしない」などのネガティブなラベリングはNGです。

実際、長続きしていなくても、それは今までの話であり、これからも長続きしないというわけではありません。「長続きしない」というラベリングを**「いろいろなことに興味をもてる」**に変えるだけで、親子ともに笑顔で過ごすことが増えます。

親の捉え方一つで、子どもが伸びることも伸びないこともあるのです。

努力を褒める

親が子どもの挑戦を見守り、成功や失敗にかかわらず努力を褒めることで、自己肯定感を高めます。これにより、子どもは挑戦を楽しむようになり、新しいことに取り組む姿勢が育まれます。

思い込みは自由。親が事実をどう解釈するかです。どうせなら、いいラベリングをしたほうが、親も子も幸せです。

ちょっとやそっとの失敗を恐れない子は、チャンスを逃さず手を挙げます。

親が何かしなくても勝手に成長します。

そんな子どもたちをたくさん見てきました。

「見守ることが大事」

「どっちでもいい」と、無気力になってしまうのは、親が子どもの選択を応援しなかったことが原因かもしれません。ぜひ、小さな挑戦を子どもが楽しめるように、ポジティブなラベルを貼っていきましょう。

ポイント

「まずやってごらん」で、積極性を引き出す

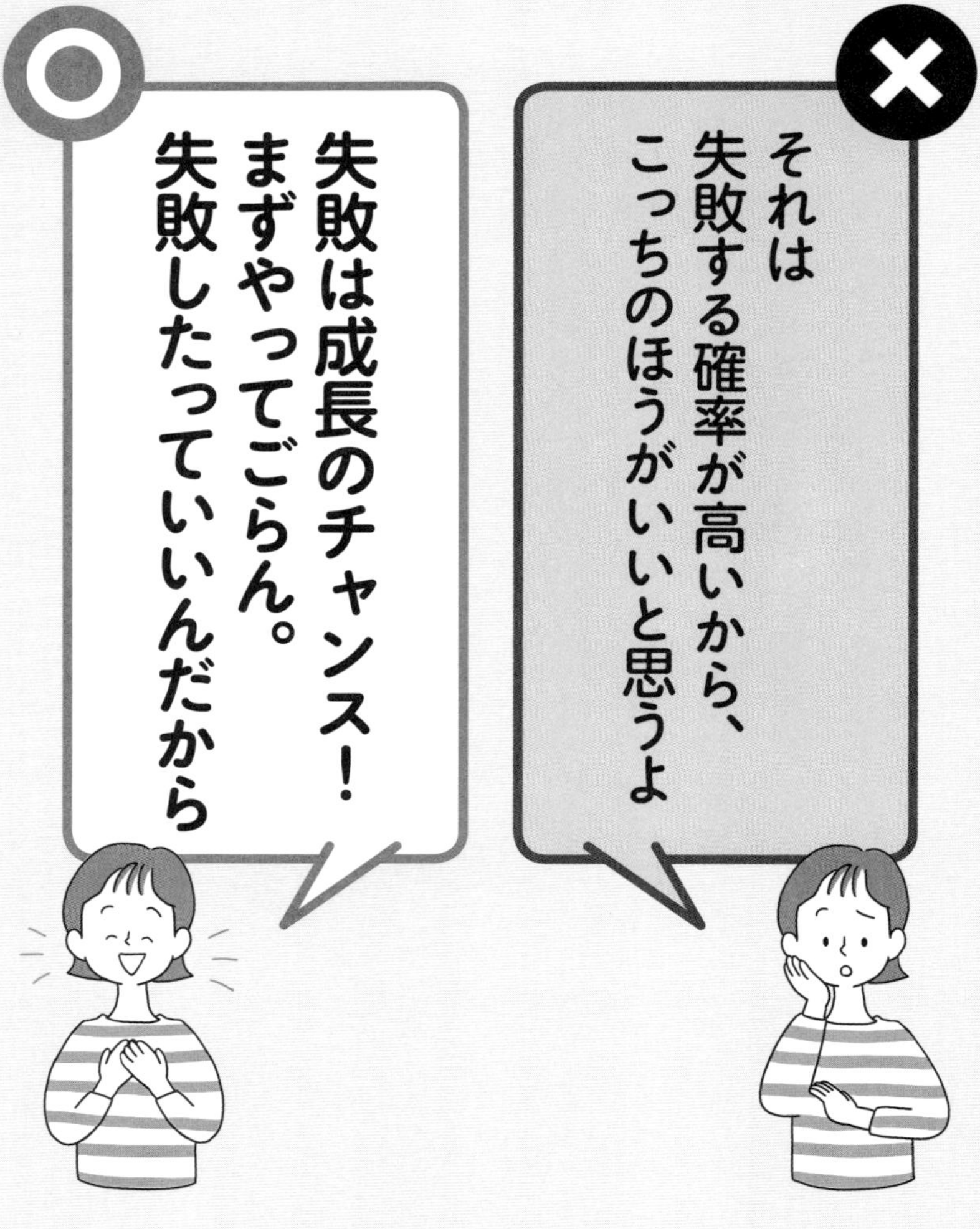
○
失敗は成長のチャンス！まずやってごらん。失敗したっていいんだから
×
それは失敗する確率が高いから、こっちのほうがいいと思うよ

「○○すればいいのに……」とアドバイスしているのに聞いてくれません

自分で考えた選択を見守る

子どもたちの心には、常に「親に褒められたい」「怒られたくない」があります。だからこそ、親が「何でもやっていいよ」マインドで接していると、子どもの好奇心は勝手に育まれていきます。

親が先回りしてすべてを解決せず、子どもに挑戦させることが大事です。ここで口癖にしてほしいマジックワードがあります。

「どうする?」

たとえば、子どもが夏休みの自由研究に取り組むとき、

「どうする？　いつやる？」

と声をかけます。

子どもは自分で考えて行動する機会を得ます。

「寝る前にやるよ」

自分で決めた約束を自分で守るように促します。

もちろんできないこともあるでしょうが、手を差し伸べないことです。

約束通り、自分で寝る前にできたら、できたことの素晴らしさを伝えます。

自分で決めた約束を自分で守るには、親のさりげない「見守り」が必要です。「寝る前にやるよ」と言った子には、寝るのが10時だとすれば、2時間前の8時には、「寝るまであと2時間だね」と声をかけておきます。

「もうやったよ」

と声が返ってくれば、

「言われる前にできていてさすが！」

と伝えます。

「今からやろうと思っていたんだよ」と返ってくれば、後は何も言わず、やり終わったことだけ見つめて、

「ちゃんとやれていて素晴らしいね」

と言います。

言ってもやらないことが続いても、温かく見守りましょう。子どもは自分の分身ではないので、**子どもの行動を変えようとする前に、親自身の行動を変えること**です。

やめたいのに毎日お酒を飲んでしまう。つい家事を後回しにして遅く寝てしまう。まず親が自分の課題に目を向けて、それを達成しようと努力する姿を見せます。子は変わるかもしれないし、変わらないかもしれない。それくらいの気持ちで行ないましょう。

親は子どものために「あれをしなさい」「これはしないほうがいい」と言います。そうしたほうが楽だということを知っているからです。そこで言わないのも親の務めです。

「自分はできる」

「やってみたいことを家族は何でも応援してくれる」

「失敗しても助けてくれるから、自分は自分の道を歩む」

と子どもが思える環境をつくってください。

親が先回りして解決しない

ベネッセ教育総合研究所の調査によると、「自分でできることは自分でする」に該当する子の9割以上が、「興味を持ったことに打ち込む」と答えています。


ですから、親が先回りして手助けしないことです。

「明日この道具が必要だから、用意しておいてあげる」

「ここの問題が難しいから、先に解き方を調べておく」

「こんなことに興味をもちそうだから、買っておく」

先回りは、子どものためになりません。指示待ち人間になる可能性があります。先回りするくらいなら、一緒に話しながら準備をすることのほうが大切です。

また、「自分でできることは自分でする」子の7割以上が、「一度決めたことは最後までやりとげる」と答えています。

正解不正解にかかわらず、自分で考えて選択することで、どんな状況でも対応できる力を身につけます。

何でもかんでも親が先回りして、すべてを解決しないことです。子どものために行なっていることが、子どものためになっていないことを自覚しましょう。自分から取り組む子になることで、どんな状況でも自立して生きていけるようになるのです。

ポイント

親が先回りして、手助けしない

子どもの将来が不安です。親である自分にも余裕がありません

子どもの挑戦を「自分のため」に楽しむ

かわいい子どものために、失敗しないように手を貸してあげたくなるのが親心です。親は今までの経験で、「そっちに行けばうまくいかない」「遠回りになる」とわかっているから、手を伸ばしたくなるものです。

本当にそっちに行けばうまくいかないのか、本当に遠回りになるのか、改めて考えることが大事です。

近年、「何もやりたくない」という無気力な子が増えています。

ごく一部の地域ではなく、日本全国で増えています。不登校の急増なども耳にしますが、正直なところ、学校というシステムが社会の変化に適応できていないのです。

学校関係者だけが悪いわけではありません。学校の先生たちは非常に頑張っています。しかし、教育内容が古いままで、社会の変化のスピードに追いついていないのが実態です。

家庭も同じです。共働きの増加で、父も母も余裕がない。学ぶ時間もないですし、子どもと落ち着いて話す時間も減っています。その結果、自分が子どものときの学校や学習をイメージしながら我が子に接してしまいます。この20年で社会がこれだけ変化しているにもかかわらずです。

メタ認知を働かせる

自分の人生を大切にしている人は、「ゆとり」があります。我が子に愛をもって接するのはもちろん、自分自身にも愛をもって接しています。

そういう人は、自分の行動や感情を客観的に捉えることを意識しています。もう一人の自分が、空の上から自分を見るような感覚――**「メタ認知」**とも呼ばれます。

親自身が自分の人生を楽しみ、自己成長を大切にすると、子どもの挑戦を見守ることを自然と楽しめます。

子どもの挑戦を「自分のため」に楽しむという姿勢が、子どもにとっても大切です。するとと、ポジティブな言葉が飛び交います。

「楽しみにしているね」

「私が応援したいだけだから、気にせずどんどんやってね」

「私もあなたみたいにチャレンジしてみたいな」

根拠のない思い込みが、子どもの人生を変える

ベネッセ教育総合研究所の調査によると、「何でもすぐに口出しをする」親の場合、「人に言われなくても自分から勉強する」子は5割くらいです。

「何でもすぐに口出しをしない」親の場合は、「人に言われなくても自分から勉強する」子が6割くらいに上昇します。

つまり、前者の場合、親に口出しされたくないから勉強する子もいるでしょうから、口出ししないほうがいいのです。

心理学用語に**「ピグマリオン効果」**があります。他者からの期待が本人の成績や行動に影響を与える現象です。

たとえば、「あなたの子は将来、必ず素晴らしい子になります」と他者から言われることで、子どもへの見方は変わっていきます。「うちの子ならできる」と思い始め、子どもは無意識に自信をもち、挑戦する意欲が高まります。

親が子どもの可能性を信じて見守ることで、子どもは自分の力を信じ、さまざまな挑戦に前向きに取り組むようになっていくのです。

根拠のない思い込みが、子どもの人生を変えます。根拠がいらないのであれば、悪い思い込みよりも、いい思い込みをしたいですよね。ピグマリオン効果を知っているだけで、子どもの成長のスピードは格段にアップします。

いいことがなくても笑顔をつくる

自立して笑顔でいる親は、子どもにとって最高のお手本です。

何もいいことがなくても、笑顔をつくることから始めましょう。そして、笑顔をつくれた自分を認め、継続してみてください。

毎日コツコツと笑顔を続けることで、子どもの人生ではなく、自分の人生を歩むことができます。子どものことを過度に気にしなくなった結果、子どもの些細な挑戦を見逃さず、応援できるのです。

ポイント

根拠のない思い込みでいつも笑顔を心がける

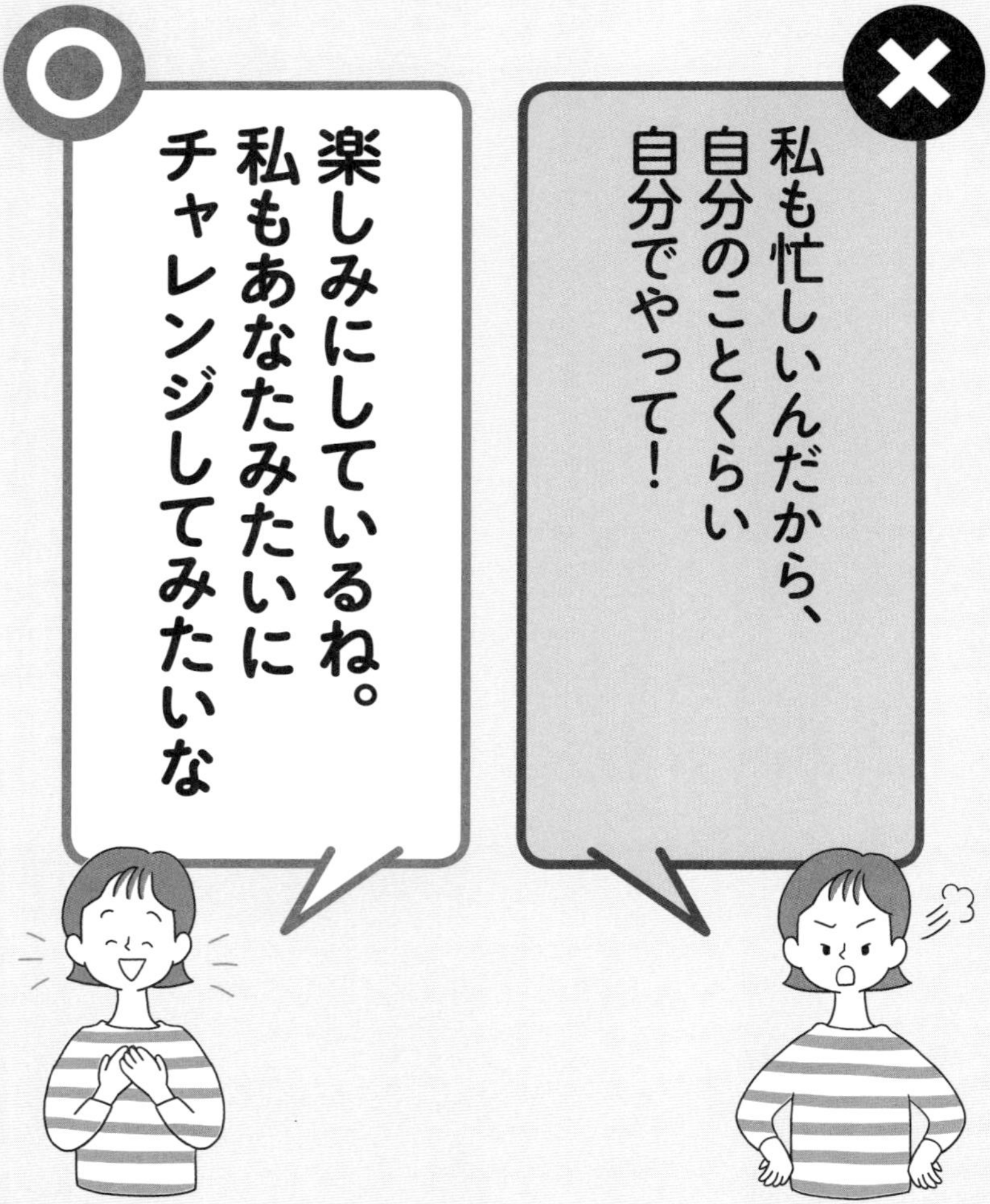
×
私も忙しいんだから、
自分のことくらい
自分でやって！
○
楽しみにしているね。
私もあなたみたいに
チャレンジしてみたいな

優柔不断な子にしたくないので、あれやこれやと与えすぎてしまいます

親が先回りせずに、子どもの自己決定感を育てる

「この子はすごい！」と感じた子の親御さんと話してわかったことがあります。**とにかく否定しません。**周りの子たちとどんなに違っても、周りに合わせるという概念を意図的になくしています。親の思い込みが少ないのでしょう。


「周りの子がやっているから、我が子もこうすべき」

「うちの子だけみんなと違って、いじめられたらどうしよう」

などとは考えていません。

「こうしたほうがいいから言うことを聞きなさい」

と押し付けるのではなく、

「どんな道を選ぶかで悩んだら、難しいほうを選ぶといいよ」

と背中を押します。

「悩んだら難しいほうを選ぶ」は、私自身、大切にしている言葉の一つです。**自分で決めたことを実行することで、「自主性」と「責任感」を育むことができます**。

親は子どもが選んだ道を尊重する。決断を判断せず、先回りせずサポートするだけです。

レジリエンスを育てる

ベネッセ教育総合研究所の調査によると、「やりたいことを応援してくれる」親だと、子は「失敗しても自信を取り戻せる」と思う傾向があります。

つまり、親が応援してくれていると実感している子は、一度や二度の失敗であきらめません。

このようなことを、心理学では**「レジリエンスが育つ」**といいます。「レジリエンス」

とは、困難や危機に直面したときに回復したり、適応したりする能力のことです。レジリエンスは、これからの時代を生きていく子どもたちのために、必ず必要な力になります。

「これやらない?」「あれやらない?」と先回りしている親が多い世の中です。子どもの「やりたい」の芽に目を向け、「これ、やりたいんだけど」と言ってきたら、応援します。

自分の道を正解にする

また、**「自己決定感」**が高いと、自分の行動に対してより積極的になります。自己決定感とは、自分の行動や決定が自分自身の意志によってコントロールされていると感じている状態のことです。ここでいう「決定」とは、進路を決めたり、結婚を決定したりといった大きなことだけを指しているのではありません。「お菓子を買う」「公園に行く」「勉強をする」「友達と遊ぶ」など、「決定」の連続です。

こうした場面において先回りをするがために、子どもの可能性を狭めているのです。自主性を尊重し、親が待つ。子どもの自己決定感を育てることが、とても大切です。自主性を尊重された子どもは、自分の力で行動します。自分で選んだ道を進むことで、自信をもちます。これからの社会で大切なのは、**「自分で考え、行動する力」**です。

周りを見ているだけでは、正解はわからない。むしろ**正解を探すのではなく、自分の道を正解にする**――そんな力が求められています。

大事なのは、あなたが思った以上に手を出していることに気づくことです。先回りしてあれもこれもしない。

キーワードは「ま、いいや」です。

自分の中の「しなければならない」を手放し、これからの時代では、こんな考え方もいいんだなと、日々を過ごしてみてください。

ポイント

自主性を尊重する

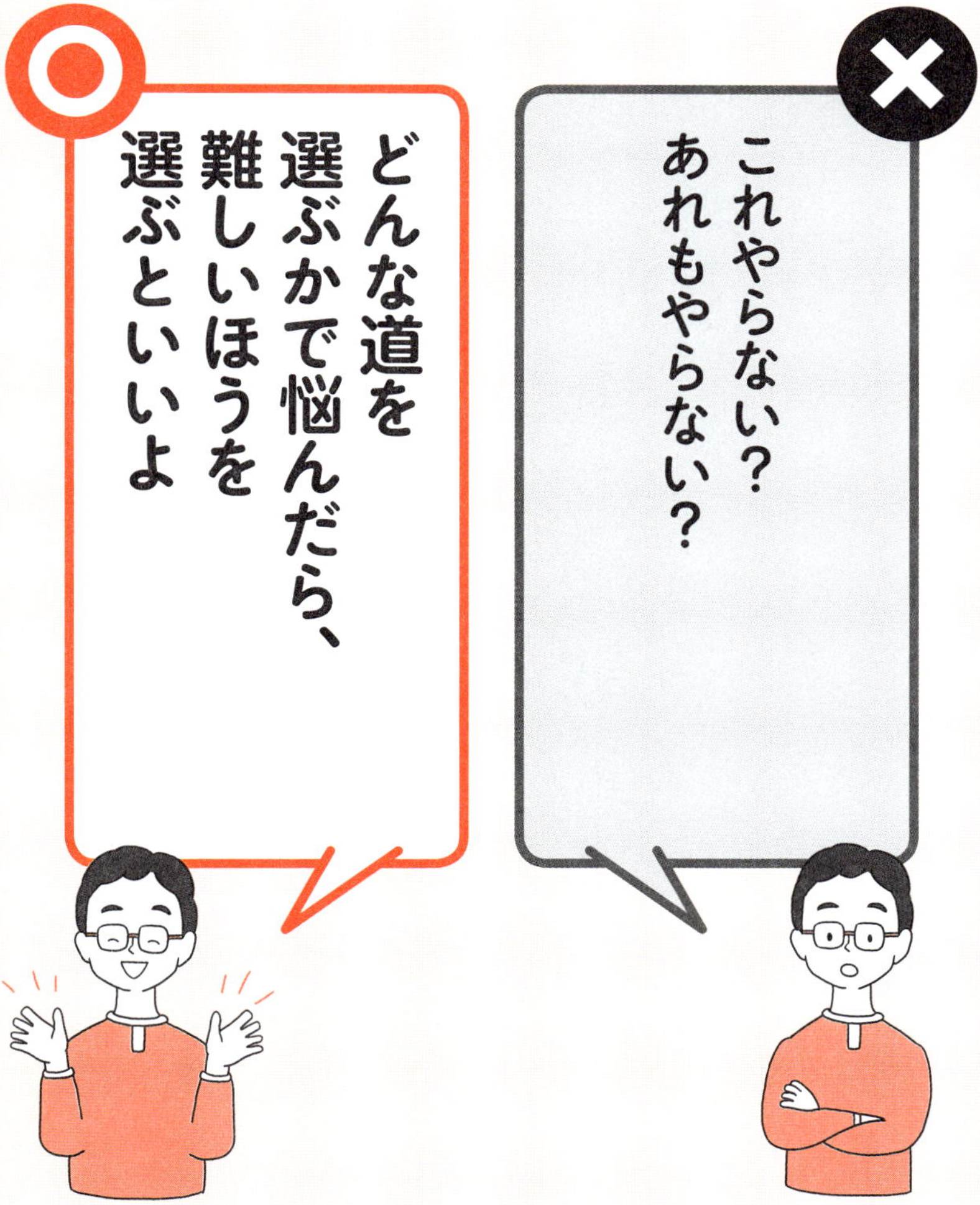
どんな道を選ぶかで悩んだら、難しいほうを選ぶといいよ
これやらない？あれもやらない？

第4章

自分で考えて学ぶ子に育つ「機会の見つけ方」

親の見えないところで何をしているか、気になります

ひとりで夢中になれる場所を認める

「何が正解かわからないから、早めにやらせてみる」

一見、よさそうに見えますが、一番いけないやり方です。

「将来役に立つかもしれない」という思いから、早期教育に熱心な家庭が増えていきます。気持ちはよくわかりますが、よくありません。

3歳の子をもつ親なら、「親3年目」。初めて親になったのですから、わからないことだらけです。不安を抱える中で聞こえてくる、「早く運動経験をさせたほうがいい」「中学受験をすると、将来安泰」などの危機感を煽る言葉に反応してしまいます。

首都圏模試センターによると、2024年の首都圏私立・国立中学校の受験者総数

は過去2番目の5万2400名で、受験率は18・12％と過去最高になりました。首都圏では5人にひとりは中学受験をしています。小さいうちから、子どもにとってよりよい教育を受けさせたいという親の思いがわかります。

教員時代、クラスで習い事を一つもしていない子は、ほとんどいませんでした。今や、「運動」と「勉強」の習い事を掛け持ちしている家庭が当たり前です。

子どもによりよい人生を歩んでほしいという思いより、「親としてちゃんと育てているように見えたい」「周りの家がしていることをしないと不安」が大きいのではないでしょうか。

子どもから、「こんな習い事がしたい」「こんなところに行きたい」と言ってくる環境を整え、すぐやらせてあげられる準備をしておくことです。

子どものいる「場所」を整える

自分で考えて学ぶ子になるために最も必要なものは**「環境」**です。環境ですべてが決まると言っても過言ではありません。

環境には「場所」もあれば、「出会い」もあります。まずは、**「ひとりで夢中になれる場所」**をつくりましょう。

おうちの中に、子どもがひとりになれる場所はありますか。

今まで出会ってきた自分で考えて学ぶ子は、子どもがひとりになれる場所をもっていました。これは、「ひとり部屋を与えなくてはいけない」ということではありません。「リビングの中の角の一畳」「ダンボールの中」「トイレ」などを自分の場所にしている子どももいました。

何かに集中するとき、周りの視線や音が邪魔になることがあります。集中している中で新しいアイデアは生まれ、そのアイデアにワクワクしているときに、好奇心の芽は育っていきます。

家の中ではなく、外でもいいのです。「目の前の公園がひとりで考える場所」「お父さんと行く休日の喫茶店がアイデアを生む場所」などという子もいました。うちも休日の朝は子どもたちとモーニングに行くことが多いです。お互いにとてもよい時間になっています。

夢中になれる場所はたくさんあります。邪魔されるものがなく、やりたいことができる場所をつくると同時に、壊さないようにしましょう。

ひとりで集中しているそこが「場所」になる

「何をしているか見えないから、ひとりの場所を与えたくない」と話す親がいます。

宿題などはリビングでやるほうが、学力は上がるという声もあります。また、親子の会話を円滑にするために、家族みんながリビングに集まる文化をつくったほうがいいと言われています。

しかし、ひとりで集中する環境も大切です。

ひとりで自由に学べる場所が自主性を育みます。

「ひとりで何をしているの！　どうせ隠れてゲームしているんでしょ。家族でいる時間も大事なんだから、なるべくリビングで過ごしなさい！」

ではなく、

「この場所はあなただけの場所だから、自分で工夫して使ってね」

と認めることが大切です。

自主性を育てる

家族と対話し、自分自身と対話する。その繰り返しが、「自主性」につながります。

新しく場所をつくる必要はありません。どこが適しているか、まず子どもの行動を見つめ直してください。

何が好きなのか、どんなことをして1日を過ごしているのかを見て、「場所」を考えていきましょう。ひとりで夢中になれる場所は、人によって違います。子どもと話し合って、一緒に決めるのも大切ですね。

私の家庭は部屋の端っこの3畳ほどのスペース。ダンボールに囲まれており、ミシンやグルーガンなど、さまざまなものがあります。きれいに整理はされていませんが、私たち親からは特に何も言いません。

長男は毎日6時には起き、そこで黙々と作業をしています。そんなときは、邪魔をせず、見守っていましょう。たまには、声をかけて、子どもの成果を聞くようにしています。

ひとりで自由に学べる場所が、自主性を育みます。ひとりで集中できる場所をつくってあげてください。

ポイント

ひとりで集中できる環境をつくる

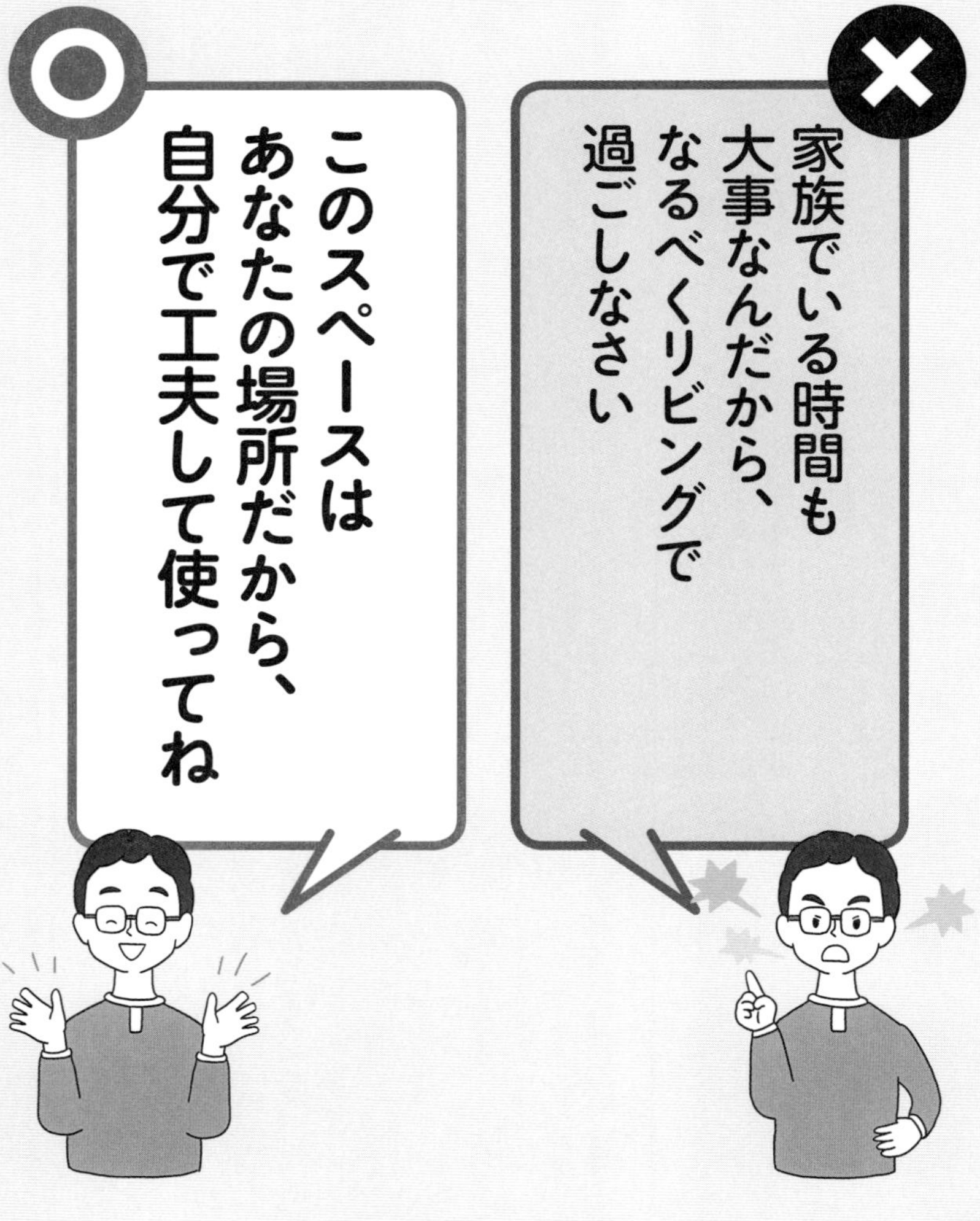
✕
家族でいる時間も大事なんだから、なるべくリビングで過ごしなさい
○
このスペースはあなたの場所だから、自分で工夫して使ってね

興味がありそうなものを買ったのに見向きもしてくれません。どうすれば？

与えるのではなく、「やりたい」を引き出す

新型コロナウイルスの猛威によって、2020年からの3年間、子どもたちは行事などの貴重な体験をできずに過ごしました。

私はその頃、小学校の教員でしたが、度重なる体験活動の中止に心を痛めていました。

体験量は、自分で考えて学ぶことに大きく影響します。知識から出てくる言葉よりも、体験から出てくる言葉のほうが、説得力があるからです。

子どもに多くの経験をさせることで、自分ごととして学習に取り組むことができます。そのトリガーとなるのが、**「興味」**です。

興味を広げるきっかけを用意する

興味をかき立てるためには、家の中の環境がとても大切です。ある親御さんは、子どもが興味をもちそうなものを家のあらゆるところに置いていました。「本」「おもちゃ」「かざり」などさまざまです。興味を示さなかったものは、すぐしまったり、人にあげたり、売ったりしています。「興味をもってくれたらラッキー」くらいの考えで行なっていたそうです。

「興味がありそうなものを置いていますが、だいたい興味をもちません」

一方で、このような相談がよくあります。そんなときは、無理に置く必要はありません。

興味は親から子に与えるものではありません。子どもの中から生まれてくる興味を広げてあげるのが親の使命です。

「子どもがお願いしてきた本はすべて買ってあげる」と決めている家庭もあります。

「おもちゃは買ってもらえなかったけど、本だけは親が何冊でも買ってくれた」という成功者のエピソードをよく目にしますが、これも興味を広げることにつながっています。

子どもは興味関心の塊です。何に対しても興味をもたないということはありません。残念ながら、親の興味をもってほしいことに、興味をもっていないだけです。もしくは、興味の種を限定されているために、何にも興味をもたないように見えてしまっているのです。

10個用意して、一つ興味を持ってくれたら○Kくらいの心持ちで、子どもが興味をもちそうなものを手に取れるところに置いてみてください。

「やりたい」を引き出す

親としては、**子どもの興味がありそうなものを家の中に置いておく。それは、子どもの「やりたい」を引き出すことにつながります。「やりたい」という気持ちは未来の宝物**です。

私が子どもの頃、「塾」も「運動教室」も、自分から「行きたい」と言わない限り、強制されることはありませんでした。

周りの子は中学校受験のために塾に通う日々。私は「行きなさい」と言われたこともなく、中学校受験の存在すら知りませんでした。

学校の成績が塾に行く友達に抜かれていく中で、卒業間近に、「中学生になったら塾に行かせて」とお願いしたのを覚えています。

私の興味を引き出し、私がやりたいと言ったときに親が環境を用意してくれたおかげで、今の私がいます。昔はもっと早期から幼児教育してくれていたらもっと頭がよく、運動神経もよくなったのにと親にあたっていましたが、今は素晴らしい教育をしてくれていたのだと感謝しています。

子どもをよく見て、何に興味を示しそうかを考える。親がやらせたいことが多少入るのは構いませんが、子どもの興味に合わせたものを家の中に置いておく。興味をもったものをとことんやらせてあげることで、好奇心を刺激し、自分で考え学びだすきっかけとなるのです。

ポイント

興味を広げる工夫をする

＊本の場合

提案しても、子どもがやってくれません。いい方法ありますか？

親の夢中になっている姿が子どもの手本となる

「なんで行かなきゃいけないの？　お父さんお母さんだけで行けば？」

子どものためを思って旅行やイベントを企画したときに、こんなふうに言われたら、イラッとしてしまったり、肩を落としてしまったりしますよね。

親がどんなにいい機会を用意しても、子どもが興味を示さないと、やらせているだけになってしまい、意味がありません。

子どもたちは、成長するにつれ興味の対象が変化します。子どものことをよく見て提案しないと、的外れになってしまうことがよくあります。

ベネッセ教育総合研究所の調査によれば、「家族で旅行する」「自然の中で遊ぶ」「美

術館や博物館に行く」といった活動は、学年が上がるにつれて減少する傾向にあります。

一方で、「ボランティア活動をする」「進路について考える」「疑問に思ったことを深く調べる」などの経験は増える傾向にあります。

つまり、**子どもたちは年齢を重ねるうちに、自分の内面に目を向け、より深い体験を求め始める**ということです。我が子の変化を理解し、親としてどのような機会を与えればいいか考えることが大切です。

一緒に楽しむことを提案する

私がすすめているやり方は、**子どもが興味を示さなくてもいいから、親である自分のしたいことを提案すること**です。

親が夢中になって何かに取り組む姿は、子どもにとっての最高の見本です。

親が楽しそうにしていると、子どもはその楽しさに引き寄せられます。親子での共同作業や共通の趣味をもつことは、親子の絆を強めるだけでなく、子どもが自分の興味を広げるきっかけにもなるのです。

- **休日に親子で新しい料理に挑戦してみる**
- **DIYプロジェクトを一緒にやる**
- **一緒にランニングや散歩をするのを日課にする**

などがおすすめです。**大切なのは、親が楽しみながら参加すること**です。

親が積極的に関わると、子どもは「これってておもしろそうだな」と思い始めます。

これは先に登場した「モデリング効果」を応用した行動です。人は他者の行動を観察し、その行動を自分の中に取り入れるという現象でしたね。親が夢中になって何かに取り組む姿勢を見せることで、子どもはその姿をモデルにし、自分もやってみようと考えます。

親が一緒に勉強する姿を見せると、子どもは「勉強することはおもしろいかもしれない」と思います。親自身が楽しむことが、子どもの心を動かすのです。だからこそ、「勉強しなさい！　将来困るのは自分だよ！」

と、親が勉強もしていない状態で言うのではなく、隣で本を読む姿勢で、

「私も隣で勉強するね。一緒にやらせて」

と接します。

親自身が学ぶ姿を見せることが、子どもたちにとって最高の教材になるのです。

親子で一緒に過ごす時間が大切

親が子どもと一緒に何かを体験することで、親子の絆が深まるだけでなく、子どもの好奇心の扉が開かれます。成長するにつれて、子どもたちは自分の興味や将来に目を向け始めます。でも、不安なのです。

頑張ることが、かっこ悪いと思ってしまいがちな思春期の時期はなおさらです。

親子で一緒に過ごす時間を大切にし、新しいことを体験し続けましょう。

一番近い存在の大人である親が、楽しんでいる姿を見せることで、子どもたちは「自分もやってみたい！」という気持ちをもつようになるのです。

ポイント

親自身が楽しむことで、子どもの心が動く

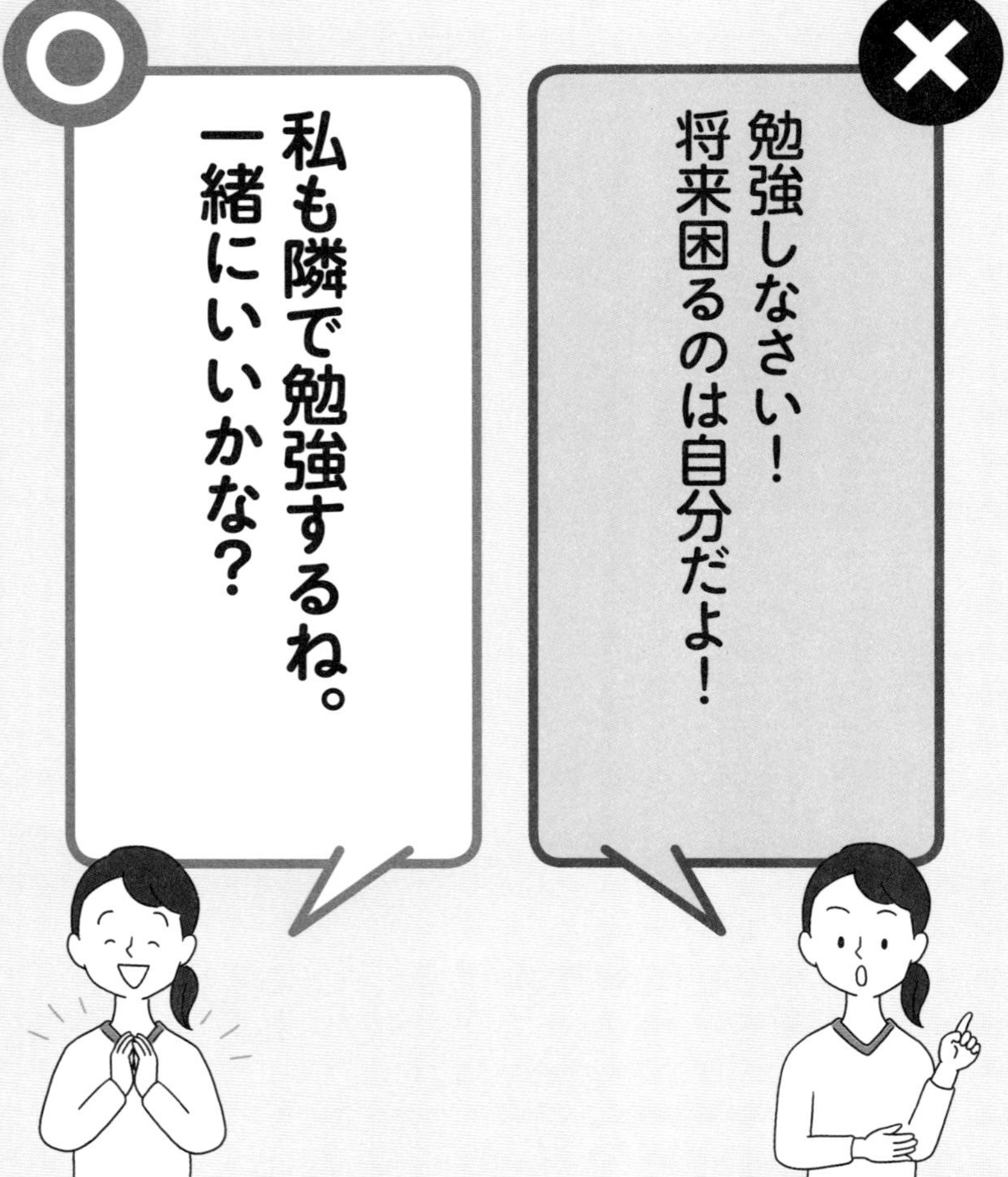

うちの子は出不精で、YouTubeばかり見ています

知識を学ぶことより、体験する機会を増やす

ベネッセ教育総合研究所では、次の5つを〝チャレンジングな経験〟と名づけ、それがどのような要因と関連するか分析しました。

- 「好奇心・探索の経験」：疑問に思ったことを自分で調べる
- 「果敢な挑戦の経験」：無理だと思うようなことに挑戦する
- 「夢中・没頭の経験」：夢中になって時間が経つのを忘れる
- 「達成・自信の経験」：難しいことができて自信がつく
- 「将来を考える経験」：自分の将来について深く考える

その結果、5つのチャレンジングな経験は、点数では測れない人生の成功や幸福に

大きく影響する「非認知能力」との関連をもち、成績などの「認知能力」とも強い相関があることがわかりました。**チャレンジングな経験をより多くしている子は、非認知能力だけでなく、学力などの認知能力も向上した**のです。

知識より体験を優先する

自分で考えて学ぶ子は、たくさんの体験をしています。「体験格差」という言葉を最近聞きますが、私の周りでも、それを感じます。

オンラインで得られた情報で行った気持ちになりますが、本当の体験ではありません。

家の中で得られる二次情報は、ほとんどが目から入るもので、耳からの情報が少しある程度です。現地に行くと、におい、音、光、手触りなど、五感すべてで体験できます。二次情報で満足するか、一次情報を取りに行こうとするかでは、体験の質が大きく変わります。

また、**「どんな経験をしたか」には、「誰と行ったか」が大きく影響します。**

オンラインで見るだけでは、得られない感動がそこにあり、実世界の本物を見る体験が、子どもの学びをより深いものにします。

「どこにも行かなくても、オンラインで学べる」は大きな間違いです。本物に触れることで、もっと興味が湧き、子どもの好奇心に火をつけるのです。

「楽しい時間を過ごそう」が大事

実体験は子どもの好奇心を育てるイベントですが、子どもに義務と感じさせないことも大切です。「行かなきゃいけない」というプレッシャーを与えるのではなく、「家族で楽しい時間を過ごそう」という気持ちにしましょう。

「こんなことができるから、一緒に行こう」

「このイベントの後、一緒にデパートに寄って、何か食べよう」

「YouTubeで見た○○をついでに見に行かない？　本物を見るともっと興味が湧くかもよ」

などのように「ついで」でもいいです。一緒にやったこと、食べたことも思い出になるからです。

我が子をたくさん見て、気づいていることがいっぱいあると思います。どこに連れて行けば、子どもは楽しめそうでしょうか。習い事などで忙しい子も多いと思います。次の長期休みに行くなどの計画でも構いません。

今、どんなところに行くか話し合ってみるのはいかがでしょう。実世界の本物を見る体験が、子どもの生きる力を伸ばしていくのです。

ポイント

五感の体験を増やす

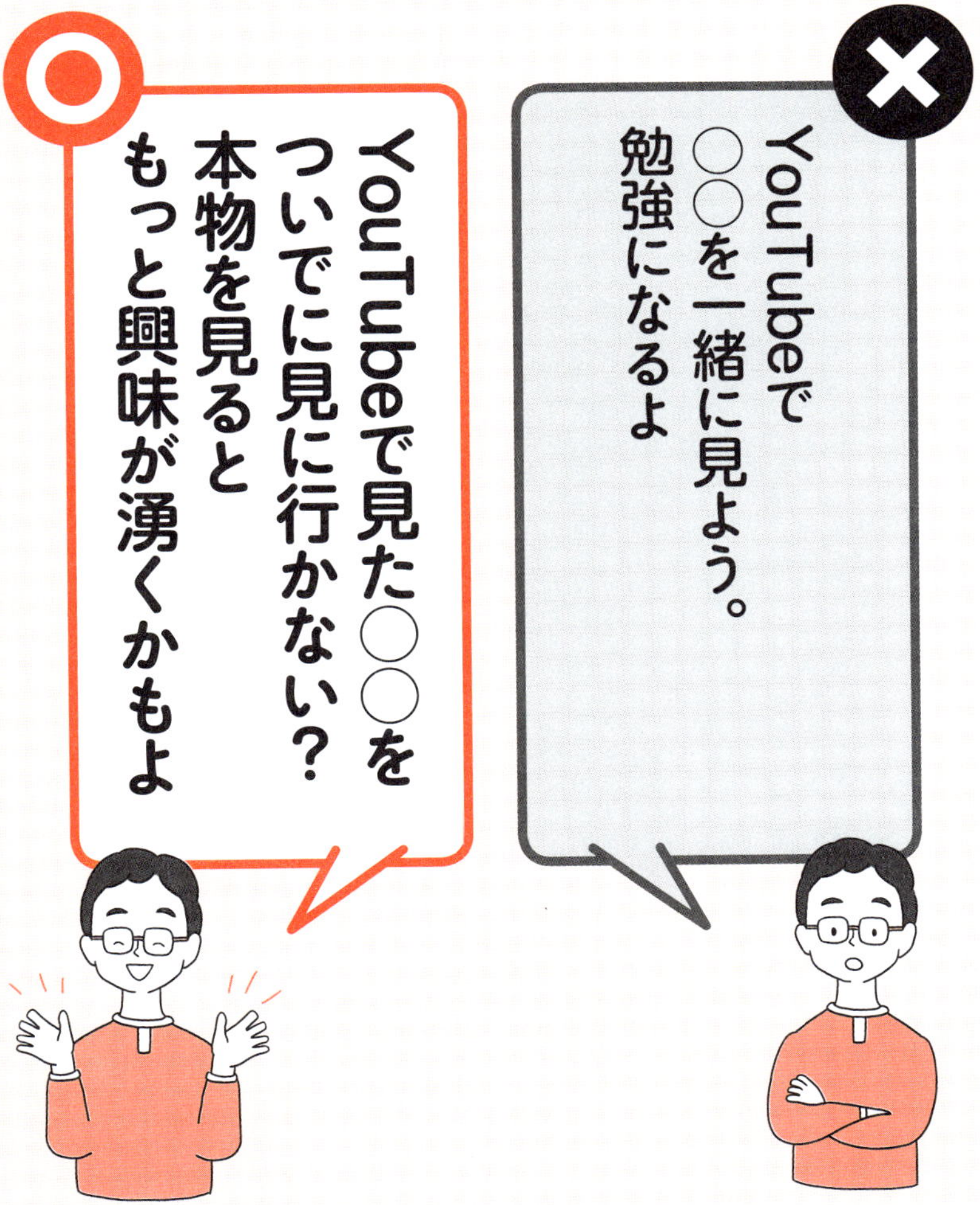
×
YouTubeで
○○を一緒に見よう。
勉強になるよ
○
YouTubeで見た○○を
ついでに見に行かない?
本物を見ると
もっと興味が湧くかもよ

習い事に行っていますが、本心は好きではなさそう。やめさせるべき？

イヤイヤならやめさせよう。続けることを評価にしない

「いつ頃から、どんな習い事をさせればいいのか」

悩む家庭は非常に多いです。その結果、本人がやりたい、やりたくないに関係なく、とにかく何かをやらせているのです。

何がいいのか、タイミングはいつがベストか、迷うのは当然です。そもそも、この習い事は必要なのかなどと考え始めると、悩みが尽きません。

前節の**チャレンジングな経験には、「習い事」はうってつけです**。しかし、子どもがやりたくないのにやらされていては、得られる効果はありません。

今の子どもたちは、大人以上に多忙な日々を過ごしています。

「学校から帰ってすぐに習い事に行く」「帰宅後、急いでご飯を食べて、休む間もなく宿題をする」「ようやく遊ぼうと思ったら、『寝なさい！』と言われる」。

これが子どもに起きている「負のサイクル」です。私は、世の中の全家庭から負のサイクルをなくしたいと、活動しています。

「とりあえず、やってみる精神」が大事

習い事をするのは、親ではなく、子どもです。

子どもがやりたいことをやらせて、やめたいことはやめさせるべきです。

「すぐやめてしまうと、根性がない子に育ってしまうのでは？」と危惧する親もいますが、それは違います。イヤイヤ続けることに意味はありません。

やってみなければ、最適な習い事などわからないでしょう。やめるのもやめないのも、子どもの意見を尊重する家庭はうまくいきます。

「やりたい習い事があるなら、とりあえずやってみたら？」という親の姿勢が、子ど

ものの成長を大きく後押しするのです。

好きが原動力になる

私は小さい頃から野球をやっていました。野球は得意でしたが、あまり好きではありませんでした。

「野球ができるなら、庄子君はここの高校だね」と、たくさんの人から言われて、入学。「周りの期待を裏切りたくない。みんなの喜ぶ顔が見たい」、そんな思いでやっていました。

ただ、結果として、「やりたかったこと」ではなく、周囲の期待に応えるために野球をしていただけです。得意だったけれど、好きではなかったなと、記憶に残っています。

何か一つのことに一生懸命になるというのはなかなかできることではありません。しかし、**いろいろなことに興味をもつことのほうが、もっと大事**なのではないかと、教育者として思うようになりました。

私は大学から、ラクロス部に入りました。

誰かにやったらと声をかけられたのではなく、自分で選んだ「部活」です。社会に出てからも、教師という仕事と同時並行で頑張りました。監督をしていた大学のチームは強くなって結果につながり、日本代表監督という指導者の立場で、当時歴代最高タイの世界5位の実績を残しました。

時代は変化しています。いろいろな習い事をやらせて、我が子に適した可能性を見つけてあげましょう。無理にやらせるのも、無理にやめさせるのも本人のためになりません。やりたい習い事をすることで、子どもの可能性が開けてくるのです。

ポイント

やりたい習い事があるなら とりあえずやらせてみる

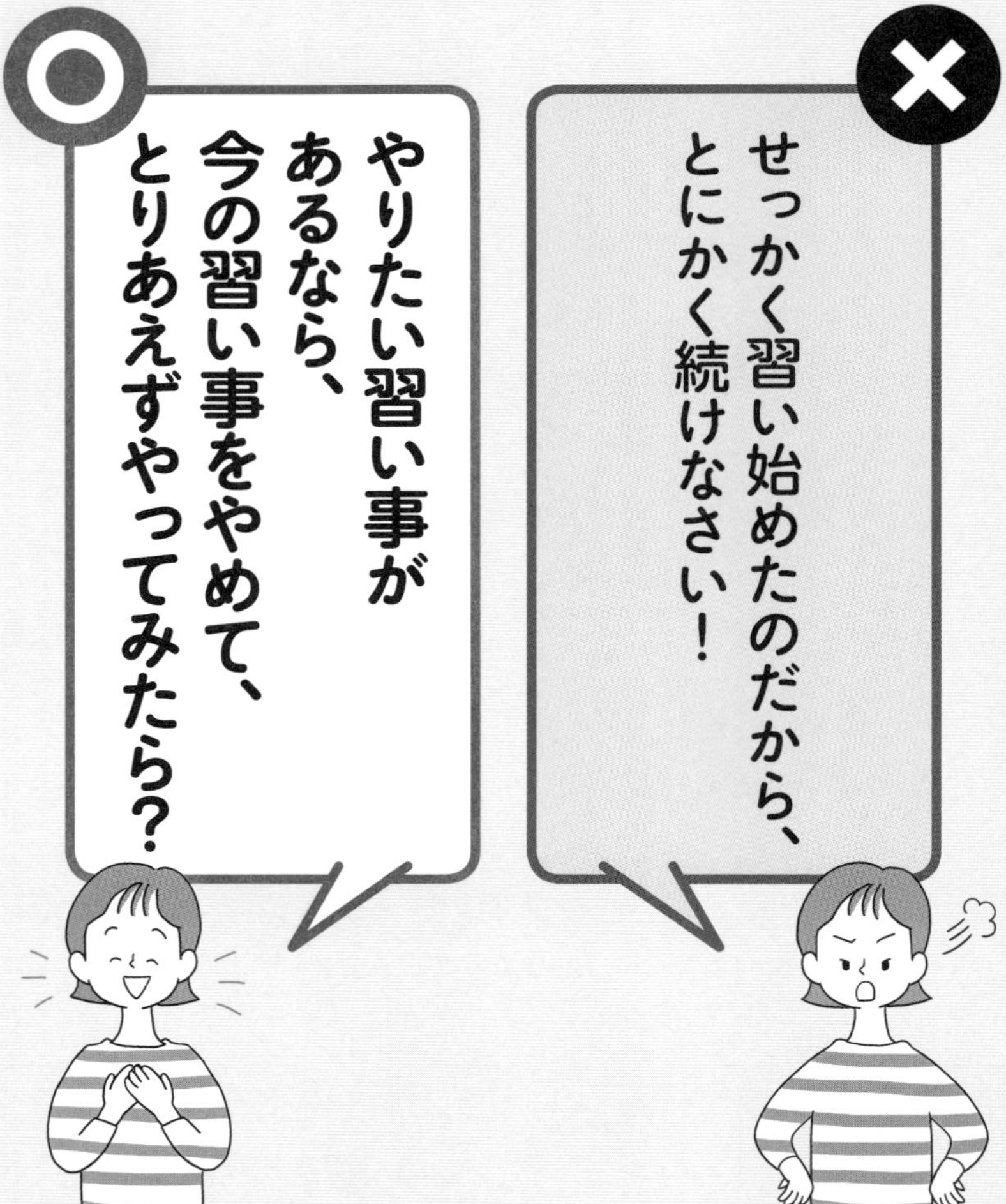

×
せっかく習い始めたのだから、とにかく続けなさい！
○
やりたい習い事があるなら、今の習い事をやめて、とりあえずやってみたら？

うちの子は、本を読みません。本を読むにはどうすればいいですか？

図書館の2大メリットを活かす

この章の「与えるのではなく、『やりたい』を引き出す」を実践する過程で、本を用意する人も出てくるでしょう。

「将来こんな職業を目指してほしいから、読んでほしい」
「このスポーツをやりたいと思ってほしいな」
「登場人物のように、立派な大人になって！」

すべて親のエゴです。それなのに、子どもが全然読まないと、「どうして？」と思ってイライラしてしまいます。「せっかく買ったのに」「読まないと、ゲームは禁止です」、こんな言葉を言われて、イヤイヤ読む。すればするほど読書が嫌いになっていきます。

なぜ、子どもは用意した本を読まないのか。答えは単純で、「読みたいもの」ではなく「読まなければならないもの」になっているからです。

自分で考えて学ぶ子に育つためには、

「なぜ？」

「もっと知りたい」

の2つが大事です。人は、自分が「これだ！」と思ったときに初めて行動します。やらされているのではなく、**「やりたい」と感じたとき、やる気が生まれる**のです。

図書館のメリットを最大限に活かす

自分で考えて学ぶ子は、家にある本をたくさん読んでいますが、地域の図書館も上手に利用しています。

図書館は、たくさんの本に無料でアクセスできる、まさに知識の宝庫です。図書館には、子ども教育に重要な2大メリットがあります。

①締め切りがある

図書館で借りた本には、必ず返却期限があります。この期限があることで、子どもは「2週間でこの本を読もう」と思います。締め切りがあると、自然と集中力も高まります。

②たくさんの本が無料で借りられる

買って読まないと負の感情が生まれますが、図書館では、読めなくても気軽に次の本を借りられます。借りたこと自体に価値があると考えると、気楽に本に触れることができます。

大人だって読書習慣を身につけるのは難しい。だからこそ、一緒に行って、一緒に本を借り、一緒に本を読む。読み終えなくて、パラパラながめるでもよいとします。

この習慣が、本をたくさん読むことにつながります。**「本を読む」ことを、「全部読みきる」ことにしないのも大事**です。

それでもうまくいかない場合は、外食と図書館に行くことをセットにすることをおすすめします。イベントなどに参加するときと同じように、子どもが興味を示さないなら図書館はついででもＯＫ。「外食に行きたいから、ついでに図書館に寄る」でもいいのです。習慣化にはトリガーが大事。本が嫌いな子には、うってつけです。

また、毎月決まった日に行くことにすれば、さらに習慣化しやすくなります。

絵本や図鑑はダメとする家庭も多いですが、そんなことはありません。子どもが自分で選んだ本に価値があります。どんな本でもＯＫ。子どもが自由に本と向き合える時間を大切にします。

読む時は必ず来る

「本を読まない子は、大人になっても読まないのでは？」と思い、本を買い与えている家庭をよく見ます。

その必要はありません。強引に学ばせるのではなく、**自然と本を手に取る環境を整えることが大切**です。人間は「学びたい」と思ったら学ぶ生き物なのです。

本を読む行為はとても体力のいることです。しかし、自分から主体的に情報を取る癖がついた子は、将来必ず成功します。本は主体的に情報を得るためにとても大切です。

図書館を使う癖をつけると、安易な情報に流されず、正しい情報を見極めながら判断できる大人になります。情報源は本に限らなくてよいですが、安易に情報を得るのではなく、さまざまな知識にアクセスしようとすることは、表現力を豊かにします。

ポイント

図書館についでに行く習慣をなじませる

○
スーパーの帰りに図書館に行こうか。私も行って借りたい本があるんだ
×
本を読み終わるまで、タブレットはお預けです

非日常の体験を一緒に味わいたいけど、断られる。年頃だからでしょうか？

自然と触れ合う体験を勉強と結びつけない

「長期休みでしか経験できないことをさせたい」という親の思いはよく聞きます。「自然に触れることは、とても勉強になる」と伝えていませんか。そもそも人間は動物の本能をもっていますから、自然の中に入ることは、好きなはずです。しかし、「勉強」と言われると、途端に拒絶反応を示します。

楽しいことまで何でも「勉強」にしません。子どもたちは自然から勉強していますが、それを勉強だとは思っていません。いちいち勉強と関連させなくていいのです。

「とりあえず山に行ってみない？　ぼーっとするだけでいいから」

くらいでいいです。のんびり遠くに行く。行くことを嫌がる子には、おいしいものを食べるなどと理由をつけて連れて行っても構いません。

五感を大切にする

レイチェル・カーソンのエッセイ集『センス・オブ・ワンダー』をご存じでしょうか。人間は、美しいものや未知のもの、神秘的なものに目を見張る「センス・オブ・ワンダー」を育むことで、人生が豊かになると説いています。

自然の動きに耳を傾け、感じ取ることによって、人類が誕生してから今日まで子どもが生まれながらに持っている本来の感性を再発見することができると伝えています。

しかし、「聞いているはずなのに聞いていない」「におっているはずだけれど感じない」という子が増えています。もっと五感すべてを使って、物事を見る。そのためには自然を体験することがとても大切です。だからこそ、**「遠くに旅行」**です。

川下りのようなアドベンチャーや、つりなどの特別な経験である必要はありません。些細な体験でいいです。普段経験しないことを家族のみんなで、楽しく行なうことが大事です。

- 森の中で、目を閉じる
- 鳥の囀きや、風の音を聞く
- 葉や土のにおいをかぐ。感じる
- いろいろなものをさわる

非日常の体験から、さまざまなことを感じるでしょう。

その夜に、「今日学んだことは何？」などと聞いてはいけません。言葉や文字にできなくても、子どもたちはたくさんのことを学んでいます。「楽しかったね」「明日も楽しもうね」とだけ伝えて、早く寝ます。

偉大な自然と向き合い、何を思うか

「なぜ？」という感情は非日常でこそ生まれやすいものです。

環境が変われば、今まで見たことのない不思議なこともたくさんあります。特に、自然に触れることで、豊かなアイデア発想につながっていきます。

日本には自然が豊富にあり、山も海も近くにあります。どこに住んでいても、車で少し行けば自然を体験できるところがたくさんあります。

どうしても時間がないという人は、散歩が有効です。子どもと散歩をします。歩いているだけでも、多くの発見があるはずです。

子どもと買い物に行くのもいいでしょう。話しながらいろいろなものが見つけられますし、子どもをよく見ることにもつながります。

自然の中での学びが感性を豊かにします。意図して自然と触れ合う体験をさせましょう。

ポイント

何でも勉強につなげようとしない

×

自然に触れることは、
とても勉強になるよ

○

とりあえず
山に行ってみない？
ぼーっとするだけで
いいから

第5章

自分で考えて学ぶ子に育つ「仲間のつくり方」

子どもの友人関係が気になります。親が介入していいのでしょうか？

同じ興味をもった仲間が自然と友達になる

好奇心の芽は「なぜ？」の気持ちから生まれます。大人でも好奇心をもって行動することは難しいです。「時間のせい」「能力のせい」「お金のせい」などにして、毎日を淡々と過ごしています。それは、とてももったいないことです。

「なぜ？」と思うためには、「『なぜ？』を考えるといいことがある」という思考になることが重要です。解決できない問題を考えたいとは思わないものです。

問題を解決するために大事なのは、同じことに興味をもっている仲間をつくることです。みんなで考えて解決する。解決できれば、また疑問が生まれます。その疑問をみんなで解決して……というサイクルが生まれます。そうすれば、大人になってからも自分で考えて学び続ける人に育っていくでしょう。

同じ興味をもった仲間と交流する

たくさんの仲間をつくるためには、同じ興味をもった人と交流する機会を積極的につくることが大事です。

「どんな友達とも仲良くすることが大切だよ」

とは声かけしません。

「同じ興味をもっている友達をつくると楽しいよ」

と声かけします。興味が合う仲間と話すと、子どもの可能性はどんどん広がります。同じ興味をもった仲間と交流させている親は、子どもの興味について一緒に調べたり、話し合ったりしています。子どもが何に興味をもっているのか、その興味を深めるためのイベントや活動を一緒に見つけています。そして、そのイベントに親子で参加しています。

自分で判断し学ぶ子の親の多くが、とても積極的です。教師時代の保護者で、今でも仲良くしている方はたくさんいます。毎年交流会を開いてくれる親御さんたちもいます。

そんな親御さんたちは、とにかく自分の心が満たされています。

・子どものことは子ども自身に任せている

・自分は自分の人生を生きる

「子どもといることが自分の人生を豊かにする」というマインドで生きています。もちろん子どものために一生懸命ですが、人生の主人公は「自分」です。だからこそ、ご自身のためにイベントにも積極的に参加します。このマインドが素晴らしいのです。

親が友達を決めてはいけない

イベントは、小さな社会を学ぶ大きなチャンスです。とにかく子どものしたいことを応援しましょう。

親自身もイベントを楽しみましょう。興味がないことでも、子どもが興味をもったことなので、関心を向けましょう。それが、よい親子関係にもつながります。

そこで絶対やってはいけないことが一つだけあります。**親のエゴで子どもの友達を決めない**ことです。

友達になるのは子どもですから、子どもの意見を尊重してあげてください。仲間ができたけれど、すぐにあまり連絡をとらなくなってしまうこともよくあることです。それはそれでいいのです。

自分の近くにいる身近な5人の平均が自分になると言われます。まずその5人を見つけるお手伝いを始めましょう。

ポイント

同じ興味をもった仲間を交流させてみる

好きなことに没頭してくれてうれしいのですが、親ができることはありますか？

大人から学ぶ機会をつくる

私の教え子に、石が大好きで集めている子がいました。学校で教わる石の名前は数種類で、ほとんどが中学生になっても習わない石ばかりです。石の勉強をしても、テストの点数は上がりません。しかし、その子は点数のためではなく、大好きな石のことを知りたくて勉強していました。

親御さんも、そんな子を全力で応援していました。

「どうやって勉強したのですか？」と聞くと、「たくさんの石博士にお手紙を送って、お友達になったのです」と答えてくれました。

休み時間には担任である私のところに来て、石についてたくさん話してくれました。

人は、自分の好きなことが周りに認められるとうれしくなります。自己効力感も上がり、自分で自分を褒めることもできる。クラスでは「石博士」として人気者でした。

小学校高学年から、周りの友達と自分を比較することが多くなります。自己肯定感が下がりやすい側面があります。そんな時期に、**自分で自分のよいところにフォーカスできる子は、どんどん伸びていきます**。

私から見ると、このきっかけは親御さんであると感じています。

「同級生との関係を大切にすることが大事だよ」

ではなく、

「いろいろな大人と話してみよう。学べることがたくさんあるよ」

と接していたからです。

さまざまな趣味の専門家はYouTubeで簡単に見つけられます。たくさん見て、よいと思った人に連絡してみる。犯罪に巻き込まれる可能性があるのでひとりでやらせるのは危険ですが、母親がつないでくれたのです。

社会人の充実度が高くなる体験をする

「若者の仕事生活実態調査報告書」（ベネッセ教育総合研究所）によると、「親や学校の先生以外の大人と対話する」経験があった人ほど、「社会人の充実度が高い」という結果が出ています。

大人と対話すればするほど、よい人生が送れる。親はそのつなぎ役になればいいのです。

子どもが示した小さな興味に火をつけてくれるのは、圧倒的な専門知識をもつ大人です。大人の人と話していて、「こんな大人になりたいな」と思ったら、放っておいても大丈夫。好奇心を自分で育てながら、大きくなっていくでしょう。

多様な大人と関わらせることは、広い視野を育みます。もちろん、親がどんな大人と連絡をとり合っているかを把握することは大切ですが、興味に応じた大人と結びつけ、子どもがその尊敬する大人を目指すことは、自分で判断し考える子になっていくきっかけともなるのです。

ポイント

大人との対話を増やす

×
同級生との関係を大切にすることが大事だよ
○
いろいろな大人と話してみよう。学べることがたくさんあるよ

子どもの良さを伸ばしたいけど、私には専門知識がありません

学校以外のコミュニティに参加する

学校以外の場所で友達をつくったり、興味のある分野に詳しい大人に学んだりすることは、とても重要です。自分で調べるだけでなく、友だちや大人から、たくさんの刺激を受けるからです。

この役割がすべて親であってはいけないことを、しっかり覚えておきましょう。

親の話を素直に聞くのは、とてもハードルの高いことです。でも、**同じことを、自分が会いたい人や尊敬する人から言われると素直に聞きます。その人からどんどん学ばせる環境を整えることが親の務めです**。

一方で、親としては、心配で会わせられないという気持ち、よくわかります。私も

人の親。個人面談などで、いろいろなコミュニティに参加している親御さんに聞いたことがあります。

「そこで出会った友達は、よく知らないから怖くないですか？」

返ってくる答えの多くはこうでした。

「大丈夫です。私が見て話したので。安全かどうかだけはしっかり見ています」

知らない子とどんどん関わらせる親は、「小さな失敗はむしろしたほうがいい」と思っています。失敗のすすめについては、第1章に書きましたが、挑戦があるから失敗があり、経験が生まれます。挑戦していない子は失敗もしない。それでは、子どもの成長スピードを下げてしまいます。

親が挑戦していいという環境を整えることが大切です。そのためには、

「いつも遊んでいる友達を大切にしたら？」

ではなく、

「参加してどんどん話しかけてみよう！　新しい友達もできるよ」

と促すほうがよいです。

学校外のコミュニティに参加することが強みになります。いい意味で、浅く広いので、トラブルにもなりにくいです。

大人になれば、どんなコミュニティの中でも実力を発揮しなければなりません。子どものうちに、自分の興味のあるコミュニティイベントに参加するのは大切なことです。

学校の中では自分より詳しい子がいなくても、外に出ると自分より詳しい人がたくさんいます。前節の石好きの子もそうです。クラスの中では誰よりも詳しいのですが、「先生、このあいだ会った子は同級生なんだけど、もっと詳しくてね」と話してくれました。自分よりすごい人がいると、その子みたいになりたいと思って努力します。

自分よりできる人、うまい人、詳しい人に会いに行くこと、会えるコミュニティに属することは、自分自身を大きく成長させてくれます。

ベネッセ教育総合研究所の調査で、「地域の行事への参加が社会的信頼にプラスの影響がある」とわかっています。地域社会とのつながりを深めることが、自己肯定感に

もつながることがわかったのです。

私たち親は、どうしても人生を「点」として見てしまいます。しかし、人生は「線」です。点で見たとき不運であっても、人生で見たら、そこの凹みがあるからネタとして話せることもたくさんあるかもしれません。

凹んだり出っ張ったりするのが人生。親が一喜一憂しすぎないことも重要です。

コミュニティはリアルな場だけではありません。オンラインコミュニティも積極的に活用していきましょう。

これからの時代、コロコロ変えていっていいのです。一度入ったらやめずにやり抜く昔ながらの考え方に倣《なら》うのでなく、いろいろなことに挑戦したほうが伸びます。

子どもが子どもである期間は生まれてから20年もありません。いろいろ経験させてあげましょう。

ポイント

自分を高めてくれる存在との出会いをつくる

×

いつも遊んでいる友達を
大切にしたら？

○

参加してどんどん
話しかけてみよう！
新しい友達もできるよ

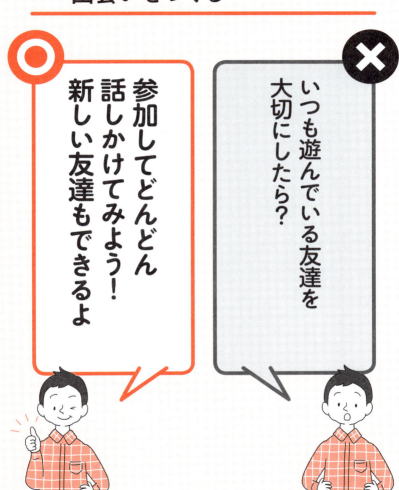

挑戦できる場をつくってあげたいのですが、親としてできることはありますか？

誰かに評価される場に出す

クラスの友達や習い事の友達、新しいコミュニティでできた仲間と共に、やりたいことをどんどん探究していく。最初はお互いの好きなことの話で仲間になっていきますが、決して共通の趣味のことだけでなくて構いません。

うちの子は、寝ても冷めてもサッカーの話をしています。サッカーの仲間をつくって楽しそうにしている。これだけでもう大成功です。これ以上、手を差し伸べる必要はありません。

しかし、さらに一歩成長するには、**評価される場に出ることが大事**です。サッカーであれば、大会に出ることです。負けて悔しい思いをすることもあるかもしれませんが、出ることで学びがあります。挑戦することで失敗やさまざまな経験がある。評価される場に出ることは、失敗や経験を得られるということです。

スポーツだと、どこかの大会に出ます。しかし、芸術系や、自分の趣味を極めた子は、自分から意識しないと評価される経験ができません。

石が大好きな子は、石について発表する弁論大会に自ら志願して出場していました。そのような機会を親が見つけて、仲間と共に出ることも、子どもたちの可能性を伸ばしていきます。

挑戦できる機会をつくっていく

作品展に出展することも、とてもいい機会です。一つではなく、同時にたくさんの作品展に出します。

どの作品展がいいのか調べて、評価してもらえる可能性があるところを見つける手助けをするのも、親として大切です。もちろん求めてきたときに、さりげなく手助けします。「あれもしたほうがいい、これもしたほうがいい」は違います。

賞をとると、子どもはやる気が出るものです。自分の作品がたくさんの人に見てもらえて、評価される。誰もがうれしいことです。たくさんの大人の目に触れれば、専門家の大人の人と話す機会も生まれます。

どんな結果でも成長につながる

ＳＮＳを上手に使っている家庭が多いです。Instagramなどで検索すると、たくさんの小学生の作品が出ています。自分のつくった作品が世の中の知らない大人からも評価されることで、好奇心の芽が育っていきます。

最近では、ＮＦＴなど、全世界の人が見るようなものがあります。ＮＦＴとは、「Non-Fungible Token」の略で、デジタル資産のことです。この仕組みを使って小学生のデジタルアートが20万円で落札されたというニュースもあります。

さまざまな場所で挑戦している小学生がたくさんいます。もちろん親のサポートは必要ですが、子どもの考えを尊重しながら親子で楽しんでいる姿が印象的です。

この際も、声かけが大切です。

「絶対勝てるからやってみよう。あなたならできる！」

という声かけは適切ではありません。親が「絶対」と言ってしまうと、うまくいかなかったとき、もう挑戦しない子になってしまうので、注意が必要です。

「まず出てみよう。どんな結果でも自分のためになるよ」

という声かけにします。**どんな結果でも、自分が成長することになると伝わることで、子どもたちの不安な気持ちを取り除き、挑戦しやすくします**。

作品展やコンテストに作品や考えを提出することで、新しい気づきと仲間を見つけることができます。その結果、今まで自分が知らなかった世界を知ることができ、学びがより楽しくなります。自分の作品や技術をさまざまな人に見てもらう環境を整えることは、子どもの可能性を広げていくきっかけになっていくのです。

ポイント

参加することが最初の一歩

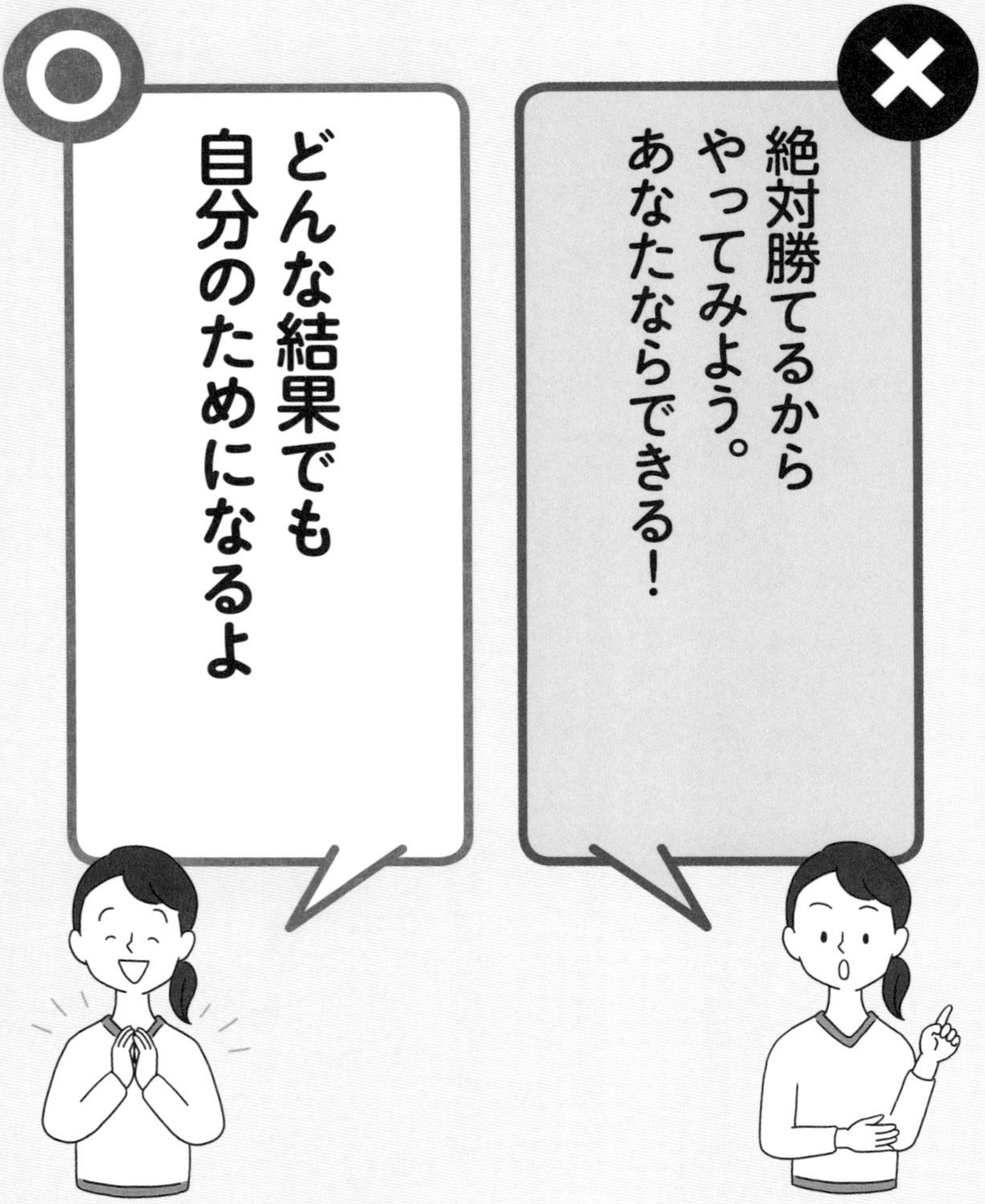
○
どんな結果でも自分のためになるよ
×
絶対勝てるからやってみよう。あなたならできる！

子どもたちがやりたいこと、大変そうだからやめさせたいのですが……

最初から無理とは思わず、最後までやり遂げる体験にする

皆さんは、「ちょんまげ小僧」を知っているでしょうか。

「ちょんまげ小僧」とは、中学生6人組のユーチューバーです。裏方の2人も同級生の中学生。ひき肉と名乗っている子の「ひき肉です」というあいさつが人気で「2023ユーキャン新語・流行語大賞」のノミネート30語に選ばれました。ソフトバンクのCMに起用されたり、ユーチューバーのHIKAKINさんとコラボしたりしています。YouTubeの登録者も開始9か月で100万人を突破しました。

ここで伝えたいのは、誰もがYouTubeのチャンネルを開設したほうがいいということではありません。**子どもがやりたいと言ったことを、安全を確保し、リスクをし**

っかり説明したうえで応援してあげることです。

イベントを自分たちの手で行なう

YouTubeチャンネルの開設はさまざまなリスクがあるとしても、限定公開や自分のコミュニティだけで動画を作成することは容易な時代となりました。学校から貸与されたタブレットがある時代。自分の得意なこと、好きなことを好きな仲間と動画にまとめることはプロでなくてもできます。

その鑑賞会を地域の公民館などを借りてイベントとして行なってもいいし、ビラを配って集客するのもいい勉強になります。最初はなかなかうまくいきません。失敗の連続でしょう。そこをあきらめずにやり遂げるためには、親のサポートが必要となってきます。**出すぎず、でもうまくいかなそうなところは親が手を差し伸べる**のです。

注意すべきことは、2つあります。

①親がやりたいイベントにしてはいけない

途中で親のほうが夢中になっていることはよくあります。あくまで子どもたちの思いを具現化する手助けであることを自覚しましょう。

②途中で放り出さないように伝える

一つの習い事を続けなくていいように、やりたくなければやらなくていいこともあります。ただし、このようなイベントは、終わるまではやり続けることが大切です。

最後に頼りになるのは仲間

イベントをするとなると、とても大変なことのように思います。しかし、些細なイベントでいいのです。

- **「こんなこともできるよ。やってみる?」と声をかける**
- **「やる!」と目を輝かせて言ったら、協力する**

・「えー」と言ったらやらない

このやりとりができる親は上手です。だからこそ、子どもの可能性がどんどん伸びていきます。子どもがやりたいと言っても、

「準備が大変だし、誰もやったことないからやめよう」

「ちゃんと最後まで責任もってやれるの？」

と言ってしまう親は多いです。無理なものは無理でもいい。でも、できる限りやらせてあげましょう。「やる！」と目を輝かせて言っても、子どもです。

親が上手にサポートすることです。そのとき、親は「自分が楽しいからやっている」と思ってやることを大切にしてください。

「やりたいなら、企画してみようか。新しい発見があると思うよ」

と、主役は子どもたちで、親は黒子役で応援に徹しましょう。

企画することは新しい発見を生みます。そこで考えたことは、将来に必ず役立つはずです。そして、友情を深め、関わりの薄い大人と触れ合うきっかけにもなります。

うまくいかないのが前提で、小さく小さくチャレンジしてみてください。

ポイント

自ら企画できる援助をする

×

準備が大変だし、
ちゃんと最後まで
責任もってやれるの？

◎

やりたいなら、
企画してみようか。
新しい発見が
あると思うよ

おわりに

「日本の親御さんがもっとハッピーに生きられたらな」

私が本を書く原動力です。

こんな便利な世の中になっているのに、日本には暗いニュースばかり。

楽しく子育てをしている方がたくさんいるのにもかかわらず、そこはクローズアップされずに、大変なところばかり注目されます。

2023年の東京の合計特殊出生率は0・99%。一番人口の多い東京で、一番出生率が低いということは、日本の人口減少はますます進むことを意味しています。

だからといって、悪い国になるとは思いません。日本は安全で、教育もしっかりしていて、社会保障だって手厚い。何より人がいい。すてきな国だと思っています。

私が出会ってきた親御さんは、とりわけすてきな方ばかりでした。若かった20代の私に、子育ての素晴らしさをたくさん教えてくださいました。

教育イベントでは、たくさんの保護者と交流しました。また、チャレンジタッチの保護者セミナーでは、何千人もの保護者の方々と対話してきました。

そんな保護者の皆さんから学んだことと、ベネッセ教育総合研究所のデータ、また大学院で学んできた心理学のデータの3つをまとめたものが本書になります。

本書は、我が子にどんな声かけをしたらいいか困っている人、よりよい子育てをしたい人に向けて、私が今まで培ってきたノウハウをお伝えしたものです。

もちろん、お子さんはいないけれど声かけに興味がある人、スポーツや教育の世界での声かけを勉強したい方にも読んでいただきたいと思っております。

本書を読んで、声かけを変えたからといって、子どもの変化はすぐには見えないかもしれません。

しかし、**言葉が変われば、あなたの心が変わります**。

目には見えなくても、必ず少しずつ変わっていきます。それくらい声かけというのは大切なのです。なぜなら、

「あなたの声を一番聞いているのはあなた」

だからです。

本書は、どこのページから読んでいただいても構いません。読み終わった後も、ぱっと開いた項目終わりの「○の言葉」を一日意識して過ごす。これだけであなたの人生が変わってくると思います。なぜなら、私自身が「声かけ」を意識することで変わっていったひとりだからです。

今がどんな状況でも、「声かけ」で必ず変わることができる。私はそう信じています。

最後に本書を執筆するにあたり、ダイヤモンド社の武井康一郎さんには大変お世話になりました。今までたくさんの本を出してはいますが、教育書がほとんどの私に、一から本作りを教えてくださいました。アップルシード・エージェンシーの宮原陽介さんにも、お忙しい中たくさんのアドバイスをいただき本書が完成しました。ありがとうございました。

何より、ベネッセ教育総合研究所のチームには大変お世話になりました。本書と競合書の大きな違いは、私の感覚値だけではない、膨大なデータに基づいた声かけであるということです。教育イノベーションセンター長の小村俊平さんはじめ、木村治生さん、岡部悟志さん、渡邊直人さんには、さまざまなデータを提供していただきました。読んでくださった皆さんも、ぜひ後ろの参考文献から、本研究所のデータを見ていただければと思います。

また、（一財）日本ペップトーク普及協会の堀寿次さん、乾倫子さんにも学ばせていただきました。おふたりに出会って、ペップトークを学ばせていただいたおかげで今があります。これからも学ばせてください。

この本を読んでくださった皆さんが、声かけが変わることを通して幸せになることを祈っています。いや、幸せになることを確信しています。一緒にすてきな声かけであふれる世界をつくっていきましょう。

2025年3月

庄子　寛之

〈参考文献〉　＊順不同

- 『パネル調査にみる子どもの成長――学びの変化・コロナ禍の影響』　東京大学社会科学研究所、ベネッセ教育総合研究所編集、勁草書房
- 『精神科医が見つけた３つの幸福――最新科学から最高の人生をつくる方法』樺沢紫苑著、飛鳥新社
- 『アンラーンのすすめ』深見太一著、東洋館出版社
- 『心を育てる語り――僕が大切にしている学級づくりの原点』渡辺道治著、東洋館出版社
- 『やる気を引き出すペップトーク――幼児期から自己肯定感を高める言葉の力』倉部雄大、乾倫子著、学事出版
- 『心の中の「つぶやき」で人生が決まる』岩崎由純著、三笠書房
- 『叱らず、問いかける――子どもをぐんぐん伸ばす対話力』池上正著、廣済堂出版
- 『「問いかけ」からすべてはじまる――質問力が人と組織を伸ばす』野村克也著、詩想社
- 『きみを励ますペップトーク――勇気を引き出す40の言葉』堀寿次著、学事出版
- 『子どものやってみたいをぐいぐい引き出す！「自己肯定感」育成入門』平岩国泰著、夜間飛行
- 『成功する子はやりたいことを見つけている――子どもの「探究力」の育て方』中曽根陽子著、青春出版社
- 『子育てベスト100――最先端の新常識×子どもに一番大事なことが1冊で全部丸わかり』加藤紀子著、ダイヤモンド社
- 『サッカーで子どもをぐんぐん伸ばす11の魔法』池上正著、小学館
- 『ひとりっ子の学力の伸ばし方』富永雄輔著、ダイヤモンド社
- 『反応しない練習――あらゆる悩みが消えていくブッダの超・合理的な「考え方」』草薙龍瞬著、KADOKAWA
- 『おとなになるのび太たちへ――人生を変える『ドラえもん』セレクション』藤子・F・不二雄著
- 『センス・オブ・ワンダー』レイチェル・カーソン著、上遠恵子訳、新潮社
- 「児童生徒の問題行動・不登校等生徒指導上の諸課題に関する調査」文部科学省、https://www.mext.go.jp/a_menu/shotou/seitoshidou/1302902.htm
- 「2024年私立・国立中学受験者数は52,400名と微減ながら受験率は過去最高の18.12%に！《首都圏》」首都圏模試センター、2024年3月22日配信、https://www.syutoken-mosi.co.jp/blog/entry/entry004298.php#
- 「子どもの生活と学びに関する親子調査」東京大学社会科学研究所・ベネッセ教育総合研究所 共同研究、https://benesse.jp/berd/special/childedu/data/

［著者］
庄子寛之（しょうじ・ひろゆき）
ベネッセ教育総合研究所 教育イノベーションセンター 主任研究員。元東京都公立小学校指導教諭。東京学芸大学大学院教育心理学部臨床心理学科修了。道徳教育や人を動かす心理が専門である。教育委員会や学校向けに研修を行ったり、保護者や一般向けに子育て講演を行ったりしている。研修・講演は年間150回以上。20年近くの教員生活で教えた児童は5000人以上。講師として直接指導した教育関係者は1万5000人に及ぶ。また、ラクロスの指導者としての顔を持ち、東京学芸大学女子ラクロス部監督、U-21女子日本代表監督、U-19女子日本代表監督を歴任。現在も本業の傍ら明治学院大学ラクロス部女子の監督を務める。子ども教育のプロとして、NHK「おはよう日本」や朝日新聞、毎日新聞などのメディアなどにも取り上げられた。著書に『子どもが伸びる「待ち上手」な親の習慣』（青春出版社）などがある。

子ども教育のプロが教える
自分で考えて学ぶ子に育つ声かけの正解

2025年3月11日　第1刷発行

著　者——庄子寛之
発行所——ダイヤモンド社
〒150-8409　東京都渋谷区神宮前6-12-17
https://www.diamond.co.jp/
電話／03･5778･7233（編集）　03･5778･7240（販売）
装丁————中ノ瀬祐馬
本文デザイン—大谷昌稔
イラスト——しゅんぶん
著者エージェント—宮原陽介（アップルシード・エージェンシーhttps://www.appleseed.co.jp/）
製作進行——ダイヤモンド・グラフィック社
印刷・製本—三松堂
編集担当——武井康一郎

ISBN 978-4-478-12181-8